Für alle Genießer und Entdecker dieser Welt.

Für Dich.

Genieße den Nektar,
spüre den Puls.

Tanja & Christian Roos

Glücklich in

London

Der Reiseführer für Genießer und Entdecker

Süddeutsche Zeitung Edition

Inhalt

1. Willkommen

Herzlich Willkomen in London. Eine Stadt mit Ecken und Kanten, Stil und Dreck, Kontrasten und Widersprüchen. Smartness und Geld. Eine Stadt, die immer wieder inspiriert, aufregt, Grenzen durchbricht und überrascht. Ganz nach dem Zitat von Samuel Johnson: „London hat mir alles vom Leben gezeigt, was die Welt zu bieten hat." Wir freuen uns sehr, mit euch unsere Lieblingsorte zu teilen.

Hallo!
Schön, dass Du da bist.

London – das ist ein multikultureller Schmelztiegel. Bekannt als die Stadt der Royal Family, der Indie-Musik, der acht Millionen Menschen, der Pubs, der Vielfalt an guten Restaurants, des Linksverkehrs, der brillanten Kunstsammlungen und reichen Kultur, der berühmten Taxis und der roten Busse, des High Teas, der traumhaften Parks und des British Styles. Noch ist London auch ein wichtiges Zentrum der Finanzbranche. London ist perfekt, um Inspiration an einem Wochenende zu sammeln, oder aber einen gesamten Lebensabschnitt hier zu verbringen – wenn man hungrig ist nach Kontrasten, Schnelllebigkeit und Herausforderungen. Die verschiedenen Stadtteile sind so unterschiedlich wie die Menschen selbst. Viele der Viertel waren früher unabhängige Orte und sind erst im Zuge des Wachstums miteinander verschmolzen. Der Westen ist nobel mit einem "bohemian" Lebensgefühl, Central London ist eine Mischung aus Tradition, Kultur und Shoppingparadies(-overload). East London hat sich in den letzten Jahren als Mittelpunkt der Kreativität etabliert.

Man wird auf seiner Reise nie alles sehen und machen können. Daher haben wir uns entschlossen, uns auf das Wesentliche zu fokussieren, die ungewöhnlichsten und schönsten Orte zu finden und hier auf diesen Seiten mit dir zu teilen. Zusätzlich befragen wir immer wieder spannende Locals zu ihren Lieblingstipps und lassen sie in unseren Reiseführern zu Wort kommen. Wir nennen sie Local Soulmates. Daraus entsteht eine spannende Mischung aus originellen und authentischen Orten, wo man die Seele baumeln lassen, den Moment genießen und das Glück in jeder Zelle spüren kann. Ob als Paar, als Familie, mit Freunden oder alleine – für jeden Bedarf gibt es die richtige Adresse. Ganz nach dem Motto: Das Leben ist eine Reise.

In diesem Sinne wünschen wir eine erfüllte Zeit.
Genieße den NEKTAR. Spüre den PULS. Diesmal in London.

Herzlichst

Tanja & Christian

London Stadtteile

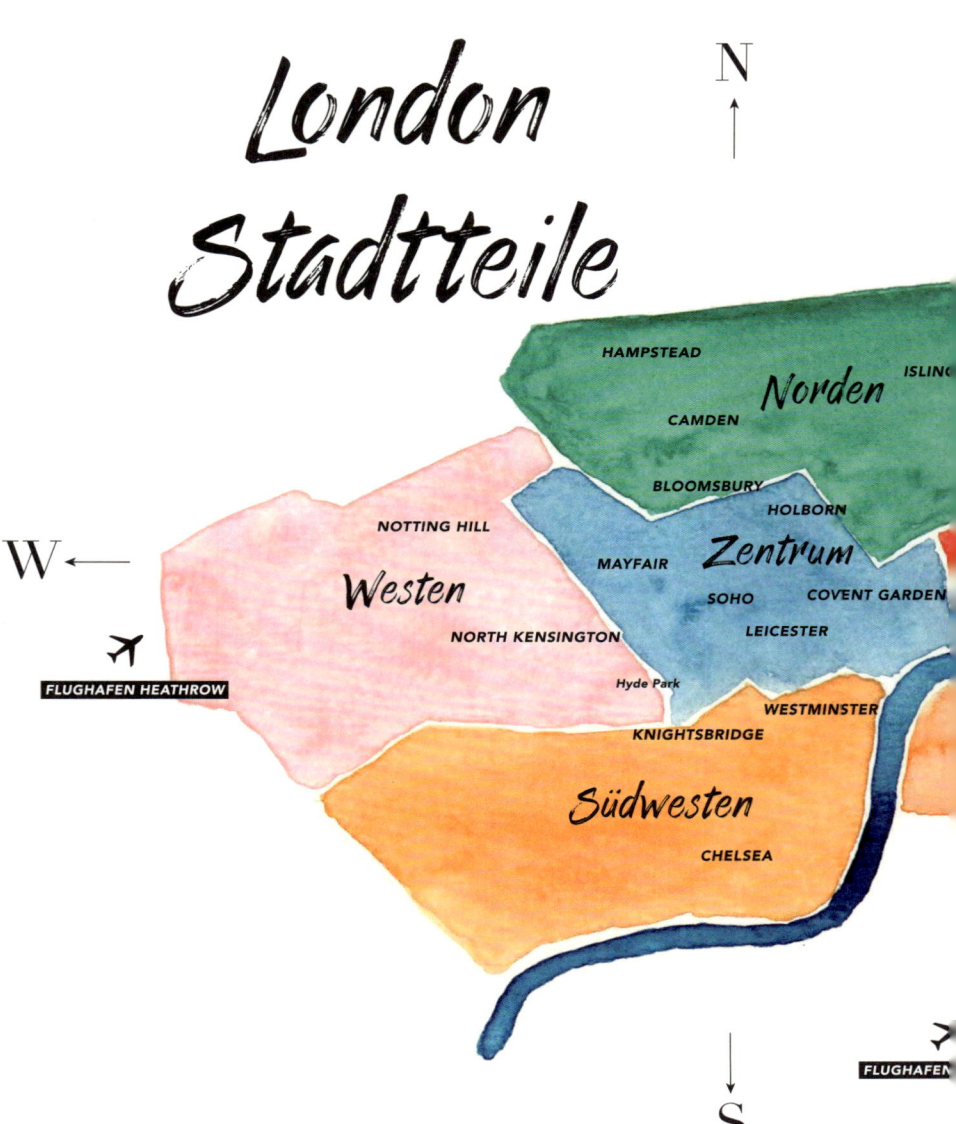

N

W

S

HAMPSTEAD

Norden

ISLING

CAMDEN

BLOOMSBURY

HOLBORN

NOTTING HILL

Zentrum

MAYFAIR

Westen

SOHO

COVENT GARDEN

LEICESTER

NORTH KENSINGTON

Hyde Park

FLUGHAFEN HEATHROW

WESTMINSTER

KNIGHTSBRIDGE

Südwesten

CHELSEA

FLUGHAFEN

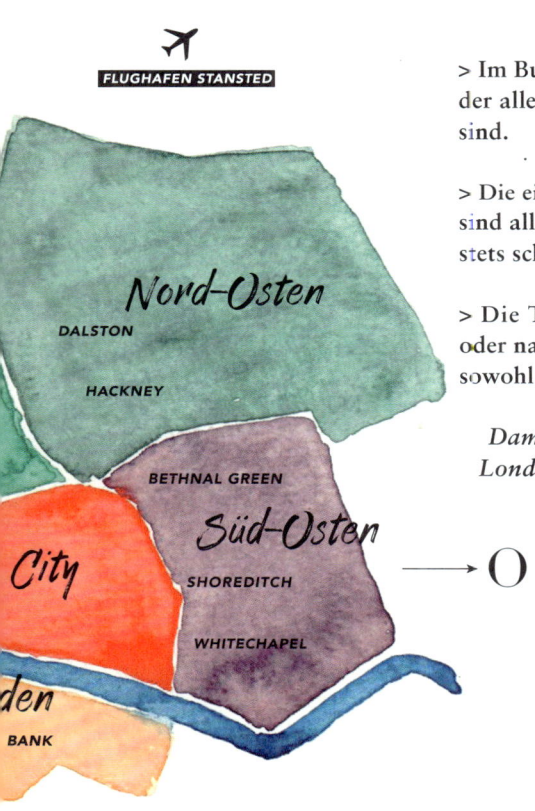

FLUGHAFEN STANSTED

Nord-Osten

DALSTON

HACKNEY

BETHNAL GREEN

Süd-Osten

SHOREDITCH

WHITECHAPEL

City

den

BANK

Infos zum Guide:

> Im Buch findest du eine große Karte, in der alle Tipps mit Adressen eingezeichnet sind.

> Die einzelnen Kategorien und Viertel sind alle farbig markiert, so dass du dich stets schnell orientieren kannst.

> Die Tipps sind entweder nach Viertel oder nach Thema geordnet, so dass du sowohl als auch suchen kannst.

Damit steht einer glücklichen Zeit in London nichts mehr im Wege. Schönes Entdecken!

$\longrightarrow$ O

London besteht aus insgesamt 33 Stadtbezirken und ist aus einzelnen Städten mit der Zeit zu einer großen Metropole von über acht Millionen Einwohnern verschmolzen. Hier eine Beschreibung der wichtigsten Viertel:

CITY

Im historischen Zentrum der Stadt bekommt man ein Gefühl für die Relativität der Zeit. Wenn man von der Tower Bridge auf das Finanzzentrum einerseits und den Tower of London andererseits blickt, dann ist der Kontrast zwischen diesen beiden Welten atemberaubend. London ist etwa 2000 Jahre alt und das spürt man hier besonders. Neue Architektur wie das Shard steht neben alten Bauwerken wie der St. Paul's Cathedral. Brutalistische Architektur wie das Barbican und kulinarische Hochgenüsse im St. John. Es gibt einige wenige Orte in der City of London, die man erlebt haben muss, denn sie gewähren ein Verständnis für den Reichtum und das Alter dieser europäischen Kultur.

ZENTRUM

Marylebone · Mayfair · Piccadilly · St. James · Covent Garden · Holborn

Hier befindet sich das Zentrum des mondänen Londons, bei dem man so viele Assoziationen hat. Hier findet man all das, was man vielleicht neben Westminster als Erstes von London erwartet: Grand Hotels und High Tea, Luxusboutiquen und ehrwürdige Kaufhäuser, Sternerestaurants und kulinarische Institutionen, berühmte Museen und Galerien.

NORD-OSTEN (EAST LONDON)

Hackney · Dalston · Bethnal Green

Der Osten der Stadt ist jung, kreativ, unter ständiger Veränderung und einfach großartig, um ein „kreatives London" zu erleben. All denen, die die Klassiker in London schon gesehen haben, empfehlen wir hier eine Unterkunft zu wählen und mit unserem Reiseführer auf Entdeckungstour zu gehen. Eine Vielzahl von tollen Restaurants, kleinen Manufakturen, Bars & Clubs, Buchhandlungen und Cafés wartet. Hier blüht das bunte, wilde, freaky Leben Londons.

SÜD-OSTEN (EAST LONDON)

Bethnal Green · Shoreditch · Whitechapel

Wie auch im Nord-Osten findet sich hier ein Teil der coolen, jungen Kreativszene der Stadt wieder. Vieles zentriert sich um Shoreditch, doch auch weiter südlich finden sich spannende Orte aus älteren Tagen, wie der Spitalfields Market oder neue Gems wie die Whitechapel Gallery.

SÜDEN

South Bank · Bermondsey

Die Higlights im Süden sind das Tate Modern, der Borough Market und die White Cube Gallery. Neben diesen wunderbaren Orten haben sich einige wenige ausgezeichnete Restaurants und Cafés angesiedelt. Über die genannten Hot Spots, dem Südufer der Themse mit dem herrlichen Blick auf die Skyline und die Tower Bridge hinaus, lohnt eine weitere Entdeckungstour durch die kleineren Straßen.

SÜDWESTEN

Westminster · Chelsea · Kensington · Knightsbridge

In Westminster konzentriert sich die Geschichte Londons. Wir empfehlen einen Spaziergang vom Buckingham Palace vorbei am Westminster Palace, Westminster Abbey und Big Ben auf die Westminster Bridge. Weiter im Westen befinden sich die teuersten Immobilien der Welt. luxuriöse Wohnungen für Filmstars, Oligarchen und Monarchen. Wer diese Szene erleben will, kann das mit einem Ausflug zum großartigen Victoria & Albert Museum verbinden und zum Park Egerton Crescent spazieren

WESTEN

Notting Hill · Hyde Park

Der Westen ist ein gemütlich romantischer Teil von London mit interessanten Buchhandlungen, wunderschönen Keramik- und Manufaktur-Geschäften, Antiquitätenläden und Flohmärkten. Bei schönem Wetter ist auch ein Ausflug in den Hyde Park mit den imposanten Kunstwerken der Serpentine Gallery eine tolle Abwechslung zu den immerwährenden Eindrücken des metropolen London.

NORDEN

Bloomsbury · Clerkenwell · Camden · Primrose Hill
Islington mit King's Cross · Angel

Der Norden von London, insbesondere Primrose Hill, besitzt diese großstädtisch englischen Szenen, die sich schon mit der Gelassenheit und Langsamkeit des Hinterlandes vermischen. Weiter Richtung Stadt finden sich die Stadtteile Camden und Islington.

LONDON
IN ZAHLEN

33
Bezirke

W 0°07'32''
N 51°30'30''

**HAUPTSTADT VON
GROSSBRITANNIEN**

**ANZAHL EINWOHNER
8.825.001 (2017)**

London – eine Stadt der
Kontraste & Vielseitigkeit

Gegründet 50 n. Chr.
von den Römern

„London hat mir alles vom Leben gezeigt,
was die Welt zu bieten hat." – Samuel Johnson

HÖCHSTES GEBÄUDE

THE SHARD:
310 METER

ANZAHL
TAXIS
20.640

Teekonsum pro Kopf:
213 Liter / Jahr

**9
FLUGHÄFEN**

Anteil weiblicher

TAXIFAHRERINNEN

3%

Jahr, in dem das erste
Mal Tee getrunken
wurde: 1660

ÜBER 300 SPRACHEN
WERDEN IN LONDON
GESPROCHEN

NICHT UNTER DEN
REGENREICHSTEN STÄDTEN
IN EUROPA

850

Brücken

INTERNATIONALE
TOURISTEN PRO JAHR

2017:
19,2 Millionen

SEHENS-WÜRDIG

BUCKINGHAM PALACE

LONDON EYE

BIG BEN

TOWER OF LONDON

THE SHARD VIEW

ST. PAULS CATHEDRAL

WESTMINSTER ABBEY

NATIONAL GALLERY

BRITISH MUSEUM

TOWER BRIDGE

170

MUSEEN

London,
I
LOVE
YOU

ÄLTESTES UND
LÄNGSTES
U-BAHN-NETZ
DER WELT

Stadt der Nationalitäten

3 MILLIONEN
MENSCHEN FAHREN MIT
DEM LONDONER
U-BAHN-NETZ AM TAG

JACK THE
RIPPER
WURDE NIE
GEFASST

DIE QUEEN LEBT
IM
BUCKINGHAM
PALACE

Anzahl Pubs:

2017 = 4.780

„*Eine kleine Reise ist genug, um uns und die Welt zu erneuern.*"

– *Marcel Proust*

2. Glückliche 24 Stunden

Es braucht nicht viel für einen gelungenen Tag. Ein tolles Café, ein leckeres Essen, liebe Menschen, eine interessante Ausstellung, schöne Musik oder ein entspannter Spaziergang … Die folgenden 24 Stunden sind unsere ganz persönlichen Vorlieben für einen glücklichen Tag in den unterschiedlichen bunten Vierteln Londons. Tauche ein und lass dich treiben, genieße den Nektar und spüre den Puls. Viel Vergnügen und eine schöne Reise in „unser" London … Fast alle Tipps der 24 Stunden finden sich auch in den Rubriken und auf der Karte wieder.

Über glückliches Reisen

Warum eine Reise dein Leben verändern kann. Text: Tanja Roos

Reisen macht glücklich. Wenn man es zulässt. Reisen bietet die Möglichkeit, seinen Horizont zu erweitern, sich weiterzuentwickeln. Neue Kulturen, Geschmäcker und Sitten kennenzulernen. Raus aus seiner Komfortzone zu gehen und hinein ins Abenteuer. Erfahrungen zu machen, die man in der Form zu Hause nie machen könnte. Sich auch mal fremd zu fühlen, die Sprache nicht zu sprechen, sich zu verlaufen, um sich dann wiederzufinden. Man staunt über die Vielfältigkeit und unfassbare Schönheit unseres Planeten. Gleichzeitig ist man gelegentlich schockiert über fremde Verhaltensweisen. Man stößt auf Menschen mit anderen Sichtweisen und Bräuchen und lernt dadurch sich selber kennen. Auf Reisen läuft nie alles wie geplant. Man ist gezwungen, flexibel zu bleiben, in seinen Taten wie im Kopf. Reisen ist die beste Bildung, denn Reisen relativiert. Es inspiriert dazu, sein eigenes Leben und Gewohnheiten in Frage zu stellen oder gleich zu verändern. Wirklich glücklich zu sein mit dem, was man hat, ist der Schlüssel dafür das zu bekommen, was man möchte. Alles, was selbstverständlich für uns ist, gewinnt plötzlich wieder an Wert. Man wird dankbarer und sich dessen bewusst. Man kann einfach mal sein und das Hier und Jetzt genießen. Reisen wirkt langfristig. Die Erinnerungen, die du machst, kannst du immer wieder abrufen und dich an ihnen erfreuen. Sie werden dich auch immer mit den Menschen verbinden, mit denen du sie gemacht hast. Gemeinsam zu reisen verbindet ein Leben lang und macht die Beziehung einzigartig und oft auch stärker. Wenn man einen Jugendlichen fragt, was die schönsten Erinnerungen der Kindheit sind, nennen viele die Reisen, die sie irgendwann mit ihren Eltern gemacht haben. Nie werde ich unsere vielen Schwedenreisen, die ich als Kind gemacht habe, vergessen. Jeden Sommer sind wir mit dem Bus von Österreich nach Schweden gefahren, um meine Großeltern zu besuchen. Noch heute sind mir die winzigen Details, Gerüche und das besondere Gefühl präsent. Meine Eltern sind beide relativ früh gestorben und diese Reisen behalte ich wie einen Schatz in mir. Nie werde ich vergessen, wie ich mit 16 Jahren das erste Mal in New York war. Diese Größe, Vielfältigkeit und Schnelligkeit. Begeisterung pur. Ich hatte Gänsehaut und war zutiefst fasziniert. Es hat mich definitiv dazu angespornt groß zu spielen, mehr in Möglichkeiten als in Begrenzungen zu denken. Das erste Mal in London. Das erste Mal in Japan. Das erste Mal in Berlin. Das erste Mal in Marrakesch, in Istanbul und dem

"Obwohl wir die Welt bereisen, um das Schöne zu finden, müssen wir diese doch mit uns tragen, sonst finden wir sie nicht." – Ralph Waldo Emerson

Oman. Das erste Mal in Hong Kong. Das erste Mal auf den Malediven und auf Island. Diese Reisen prägen wer man ist und setzen den Rahmen, für wer man sein möchte. Es ist die beste Möglichkeit, neue Perspektiven zu gewinnen. Das Universum in seiner Ganzheit zu spüren. Verbunden zu sein. Diese Reiselust und die damit verbundene Weltoffenheit wollten wir auch unseren Kindern vermitteln und sind mit ihnen auf Weltreise gegangen. Sie werden sich an einiges davon nicht erinnern, und doch werden sie das Gefühl der Reise nicht vergessen. Wie es war als Familie im Camper unter den Sternen zu schlafen, im Zelt am Strand, zu Wandern im Dschungel, Duschen im Wasserfall, wie es war, selber einen Fisch zu fangen, Muscheln zu sammeln und zu kochen, einem Koala in freier Wildbahn zu begegnen und ihm für Minuten in die Augen zu schauen, mit Kängurus zu spielen, Mangos frisch vom Baum essen oder zu viert auf einem Roller über die Insel zu cruisen. Eine Weltreise zu machen ist, wie sich einmal aus seinem Leben raus-zu-zoomen und es von ganz weit weg zu betrachten. Geografisch wie metaphorisch. Andere Lebenskonzepte, Menschen und Kulturen kennenzulernen. Zu reflektieren, wie man sein Leben gestalten will. Mit was man glücklich ist und was man

verändern möchte. Die Welt wird gleichzeitig kleiner und größer. Man lernt sich, seinen Partner und seine Kinder nochmal ganz neu kennen. Als Reisende, als Abenteurer und in Grenzsituationen. Wir lieben es, unsere Kinder dabei zu beobachten, wie sie über sich hinauswachsen. Und wir mit ihnen. Dinge, die ihnen zuvor Angst gemacht haben, heißen sie nun willkommen. Mit Kindern spielen, die nicht ihre Sprache sprechen. Fremde Tiere kennenlernen. Neues Essen probieren. Sich einlassen, weiterentwickeln und immer mutiger werden. Am Ende ist es egal, wie lange man verreist. Ob eine Weltreise oder ein kurzer Stadttrip. Ob in seinem Zuhause, in Europa oder ans andere Ende der Welt. Reisen kann immer verändern, inspirieren und das Leben verschönern. Es sind dabei häufig die großen kleinen Momente, die so eine Reise besonders machen: bewusst langsamer leben, mit Offenheit Neues erkunden, tollen Menschen begegnen, 24 glückliche Stunden mit seinen Liebsten und unseren Vorschlägen erleben. Einiges auslassen, nur um Weniges in seiner Gänze zu genießen. Reisen hat die Macht, das Leben nachhaltig zu transformieren. In welcher Tiefe und Form bestimmt der Reisende. Reisen kann glücklich machen. Wenn man es sein will.

Glückliche 24h in:
- City Centre
- East London
- Westminster +
South Bank

Glückliche 24h im City Centre

13.00 Uhr

Mit etwas Glück ergattern wir eine Lunch-Reservierung bei *St. John*, dem vielleicht besten Restaurant in London. Falls nicht, geht es zu einem exzellenten chinesischen Restaurant, dem *Yauatcha*.

11.00 Uhr

Weiter geht es zum *Barbican Center*, unserem liebsten Architekturtipp für London. Die Dimension dieses brutalistischen Baus ist überwältigend.

09.30 Uhr

Wir beginnen unseren Tag mit einem leckeren Frühstück im hippen *Ozone Coffee Roasters*. Wem nach einem ausgefallenen Frühstück mit gigantischem Ausblick ist, dem sei das *Duck & Waffle* empfohlen. Unbedingt reservieren!

15.00 Uhr

Nun schlendern wir Richtung *St. Pauls Cathedral*, von wo aus wir einen Spaziergang über die *Millenium Bridge* zur *Tate Modern* empfehlen.

18.00 Uhr

Zum Abendessen gehen wir für ausgezeichnete Fish & Chips ins *Oyster Shed* und genießen den Sonnenuntergang über der *Themse*. Wir atmen tief ein und freuen uns, in London zu sein.

20.00 Uhr

Wer noch Lust auf einen Drink hat, dem empfehlen wir hier das *London Grind* oder die *Bar Douro*.

22.00 Uhr

Voll der Impressionen nehmen wir uns ein Taxi zurück in das wundervolle *Rookery Hotel* und genießen den Abend in Zweisamkeit, mit ein paar Drinks in der ausgezeichneten *Oriole Bar*.

Das größte Glück liegt oft darin,
deinem Gegenüber die ungeteilte
Aufmerksamkeit zu schenken.

„*Es gibt kein sichereres Mittel festzustellen, ob man einen Menschen mag oder hasst, als mit ihm auf Reisen zu gehen.*"

– *Mark Twain*

Glückliche 24h in East London

14.00 Uhr
Es geht zu Fuß weiter zur *Rivington Place Gallery* und in den *Goodhood Store*.

13.00 Uhr
Hier leihen wir uns Fahrräder und fahren zu den *Boundary Gardens*. Wir gehen mittagessen in der *Rochelle Canteen* und spazieren danach durch die Shops von *Ally Capellino* und *Present London*.

11.00 Uhr
Wir schlendern Richtung Süden, entlang am *Regent's Canal* zum *Towpath Café* und genießen dort das rege Treiben am Wasser.

09.30 Uhr
Am Samstag starten wir mit einer Runde auf dem *Broadway Market*, mit einem Kaffee im *Climpson & Sons* oder im *Market Café*.

15.00 Uhr

Von hier wieder mit dem Fahrrad weiter zur *Allpress Espresso Bar* und danach eine zweite Runde Shopping, denn hier gibt es *Labour & Wait*, *T2* für Geschenke und *Browns East*.

18.00 Uhr

Wer noch Energie hat, dem sei *Dennis Severes House*, eine Mischung aus Museum und Kunst-objekt, herzlich empfohlen. Vorher vielleicht noch einen Snack im legendären *Beigel Bagel*.

20.00 Uhr

Dinner essen wir in unserem liebsten indischen Restaurant *Gunpowder*.

22.00 Uhr

Zum Theater geht es mit dem Taxi in *Wiltons Music Hall*, bevor wir erfüllt und müde in unser herrliches Bett im extravaganten *40 Winks Hotel* fallen.

Gastfreundschaft ist die Kunst,
seine Besucher zum Bleiben zu veranlassen,
ohne sie am Aufbruch zu hindern.

SALTED CARAMEL
& PEANUT BUTTER
COOKIE PIE
- 3.5 -

(GF)

GINGERBREAD
MAN
- 2.5 -

(GF)

„Die Welt gehört dem, der sie genießt.“

— *Giacomo Leopardi*

BROADWAY MARKET

Broadway Market

Chorizo Scotch egg

Stundenlanges Stöbern im Artwords – Bookstore, sich inspirieren lassen und ein Stück weiser nach Hause fahren.

„*Von allen Welten, die der Mensch erschaffen hat, ist die der Bücher die gewaltigste.*"

– Heinrich Heine

„Blumen sind das Lächeln der Erde."

– Ralph Waldo Emerson

COLUMBIA ROAD BLUMENMARKT

*Columbia Road
Flower Market*

Glückliche 24h in Westminster & Southbank

13.00 Uhr

Wir nehmen uns ein Taxi zur *Westminster Abbey* und machen einen einmaligen Spaziergang, vorbei am *Big Ben* über die *Westminster Bridge* mit Blick auf das *London Eye*.

11.00 Uhr

Wer es etwas lockerer bevorzugt, dem empfehlen wir Frühstück bei *Fernandez & Wells* und einen anregenden Vormittag im *V&A Museum* oder in der *Saatchi Gallery*. Danach schauen wir immer noch im *Dover Street Market* vorbei.

09.30 Uhr

Wir starten klassisch mit einem stilechten Frühstück im *Wolseley* und einem anschließenden Spaziergang zum *Buckingham Palace*.

14.00 Uhr

Zum Mittagessen geht es zum legendären *Borough Market*. Entweder finden wir hier etwas in den vielfältigen Essensständen oder wir gehen zu *Wright Brothers*.

16.00 Uhr

Von hier spazieren wir zum *Café Chapter 72* und besuchen die *White Cube Gallery*.

20.00 Uhr

Einen atemberaubenden Sonnenuntergang beschert uns der Blick auf die *Tower Bridge* und die Skyline von London am Ufer des *Potter Fields Parks* oder von der *Rumpus Room Rooftop Bar*.

22.00 Uhr

Gemütlich nach Hause ins *Haymarket Hotel*.

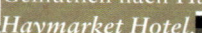

„Im Augenblick haben wir alle Zeit der Welt."

– *Michael Richter*

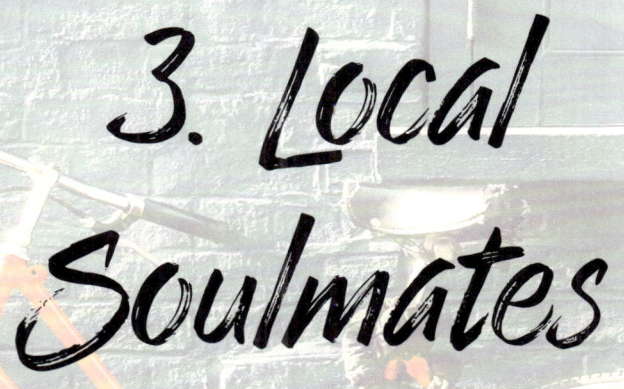

3. Local Soulmates

Eine Destination wird vor allem durch ihre Menschen zu dem, was sie ist. Wir haben hier jene portraitiert, die ihre Heimat ausgezeichnet kennen und großzügig mit dir ihre Lieblingsorte teilen. Sie kommen aus den unterschiedlichsten Bereichen: Kulinariker, Genießer, Musiker, Designer, Ladeninhaber, Architekten, Filmemacher, Autoren, Hoteliers, Blogger, Lebenskünstler, Kreative, Familien … Hier erfährst du, was ihre Heimat in ihren Augen so besonders macht. Tauche ein in die Welt von inspirierten Menschen, die ihre Stadt und das Leben lieben. Mache eine kleine Reise in das Leben von Londonern.

Im Gespräch mit

Stefi Orazi

GRAFIK DESIGNERIN & AUTORIN
modernistestates.com · @modernistestates

Was magst du an London?

Es ist ein Schmelztiegel von ganz unterschiedlichen Menschen. Hier existieren alle möglichen Lebenskonzepte nebeneinander und genau das macht diese Stadt so unglaublich liberal und offen. Dies ist ein Ort, an dem man einfach sehr gerne leben möchte.

Wo in London lebst du und warum?

Ich lebe im nördlichen Stadtteil Gospel Oak, zwischen Belsize Park und Kentish Town, direkt bei Hampstead Heath. Ich habe die letzten drei Jahre hier gelebt und habe mich damals in meine Wohnung verliebt.

Was sind Deine Lieblingsrestaurants?

Morito in Exmouth Market in Clerkenwell ist mein absoluter Lieblingsort, aber auch das Eagle (ebenfalls in Clerkenwell) enttäuscht nie und hat einen immer gleichbleibenden Standard.

Verrätst du uns deine Lieblingsshops?

Ich liebe Earth Natural Food, ein unabhängiges Bio-Geschäft in Kentish Town und FAM Grocery Market. Für Architekturbücher RIBA Bookshop und für alles andere gibt es das Liberty, ein altes, sehr schönes Kaufhaus in der City, das ich sehr mag.

Was ist dein Lieblingsort für Kultur, Architektur und Kunst?

Ganz klar das Barbican Centre!* Es gibt dort durchwegs erstklassige Kunstausstellungen, Musik und Theater. Es ist eines der radikalsten Nachkriegsmodelle, die jemals in Großbritannien gebaut wurden. Die Architekten Chamberlin, Powell und Bons entwarfen über 2.000 Wohnungen und ein hochmodernes Kunstzentrum, das über 30 Jahre Bauzeit hatte und an einem Ort steht, der während des Zweiten Weltkriegs schwer bombardiert worden war. Das Anwesen besteht aus gehämmertem Beton und umfasst drei markante, rechteckige Türme mit einer Höhe von 40 Stockwerken (die höchsten in Europa zu dieser Zeit). Als ich vor 20 Jahren nach London kam, habe ich dort für 8 Jahre gewohnt. Eine Liebesbeziehung hat begonnen.

Wenn du eine Sache ändern könntest, was wäre das?

Erschwinglichere Mietwohnungen in London.

*Stefi veröffentlicht in 2018 ein neues Buch über die Architektur des Barbican *(The Barbican Estate, Batsford Verlag)*. Wir empfehlen es hier gern, weil das *Barbican* einfach zu unseren Highlights in London gehört und die Geschichte so spannend ist.

Hier existieren alle möglichen Lebenswege und Lebenskonzepte nebeneinander.

David Carter

STILIKONE · INTERIOR DESIGNER · GRÜNDER VON 40 WINKS HOTEL
40winks.org · @40winkslondon

Bitte erzähl uns von deinem Hotel!

Es gab nie einen großen Plan, vielmehr eine Aneinanderkettung von sehr glücklichen Zufällen: Das Haus ist 301 Jahre alt und war lange Zeit einer der beliebtesten Orte in der Mode- und Schauspieler-Szene. Gestern hatten wir hier ein Modeshooting mit Designer Edie Campbell und morgen dreht Oscar-Preisträger Tim Yip einige Szenen für seinen neuen Film. Es ist selten ein reizloser Tag im 40 Winks! Ich eröffnete das Hotel mit seinen drei Zimmern vor über neun Jahren als erstes „Mikro-Boutique-Hotel" der Welt. Für viele unserer Gäste ist der Aufenthalt hier viel mehr als nur ein bequemes Bett und ein Ort, an dem man sich während der Erkundung von London niederlassen kann. Es ist eine intensive Erfahrung voll sinnlicher Verführung, inspirierender Begegnungen und prickelnder Konversation.

Was liebst du an London?

London hat eine erstaunliche Geschichte, die über 2000 Jahre zurückreicht, aber es ist gleichzeitig eine Stadt des 21. Jahrhunderts mit einer außergewöhnlichen Energie, die sich in das tägliche Leben einfügt. Jeder Tag in London ist ein Abenteuer! Vor allem

hier in East London. Es ist das kreative Zentrum der Stadt, in dem Mode, Kunst und Design in einem Durcheinander aus Lärm und Farbe in freudiger Weise verschmelzen. Es ist eine ständige Quelle der Inspiration.

Deine Lieblingsrestaurants?

Mein Lieblingsrestaurant in der Nachbarschaft ist St John Bread & Wine. Fergus Henderson ist der Inhaber und er serviert fantastisches Essen. Mein Lieblingsgericht ist „Monk's Beard, Duck Egg and Anchovies" (Mönchsbart, Entenei und Sardellen). Wenn ich Lust auf etwas Schickes habe, gehe ich immer ins Wolseley in Piccadilly. Ich gehe seit der Eröffnung 2003 dorthin und bekomme gewöhnlich Lucian Freuds alten Tisch, da er leider nicht mehr unter uns weilt, um ihn zu genießen. Mr. Freud hat jede Nacht im The Wolseley gegessen. Ich wähle üblicherweise Brathähnchen mit Kartoffelpüree.

Was sind weitere Empfehlungen von dir?

40 Winks Hotel · St. Johns Bread & Wine · Pizza East · The Wolseley · Brooklyn Coffee Shop · Dover Street Market · Victoria & Albert Museum · Dennis Sever's House · die Stadt Bath

London hat eine erstaunliche Geschichte, die über 2000 Jahre zurückreicht.

Sevil Peach

ARCHITEKTIN
sevilpeach.co.uk · @sevilpeach

Was bedeutet London für dich?

In den wilden 60er-Jahren bin ich mit 16 zum Studium von Istanbul nach London gezogen. Es wurde mein zweites Zuhause. Ich habe hier meine Karriere begonnen, ging dann für ein paar Jahre nach Istanbul zurück und kam Ende der 70er erneut nach England. Nun ist London meine neue Heimat und Istanbul mein zweites Zuhause. London ist für mich der Ort, wo ich erwachsen geworden bin, wo ich mich verliebt und mein eigenes Unternehmen gegründet habe und meine Tochter verwurzelt ist.

Wo wohnst du und warum?

Ich bin schon vor 38 Jahren in die South Bank, südlich der Themse, gezogen. Damals war Deptford ein normales Arbeiterviertel und trotz der nun einsetzenden Gentrifizierung gibt es hier die Vielfalt und das Lebensgefühl des „echten" Londons. Der lokale Fleischer ist noch am Ende der Straße, in der Einkaufsstraße locken Sonderangebote und es gibt ein starkes Gefühl von Gemeinschaft.

Wenn Freunde zu Besuch sind, wohin geht ihr?

Ich liebe das Haus des neoklassizistischen exzentrischen Architekten Sir John Soane, das heutzutage ein Museum ist. Man muss kein Architekt sein, um es zu genießen, es ist ein wunderbarer Ort, an dem er Gemälde, Zeichnungen, Antiquitäten und Modelle seiner Projekte kuratierte und sammelte. Seine spielerische und ungewöhnliche Weise, mit der er Form, Licht und Spiegel verwendete, ist revolutionär. Danach gehen wir ins Sweetings Restaurant im Finanzviertel. Es ist ein traditionelles britisches Fischrestaurant, das seit mehr als einem Jahrhundert dort ist – eine Institution, die die Banker versorgt. Es ist nur mittags unter der Woche geöffnet. Weibliche Kunden sind eine Seltenheit, aber es wird langsam besser. Es ist berühmt für seine Austern und Black Velvet (Guinness und Champagner), was in Zinnhumpen serviert wird. Ein einzigartiger Laden, der London repräsentiert.

Was sind weitere Lieblingsorte von dir, die du regelmäßig besuchst?

• Restaurants: St John's, Marcella in der historischen Deptford High Street, Masala Wala, das London Particular in New Cross
• Cafés: Violet Café in Hackney, Towpath Café am Regent's Canal
• Kultur: The South Bank mit Young Vic und der White Cube Gallery
• Bars: Oriole Cocktail Bar, Rivoli Ballroom

Ich bin in den 60er-Jahren von Istanbul nach London gezogen.

Dan Keeling

INHABER DER WEINBAR NOBLE ROT – WEINKENNER & KULINARIKER
noblerot.co.uk · @noblerotmag

Erzähl uns über deine Passion für Wein.

Meine ersten Erinnerungen sind leider durch schlechte Weine geprägt, sodass ich dem Wein bis Mitte zwanzig fernblieb. Dann entdeckte ich einen Wein namens „Puligny-Montrachet", der für mich eine Revolution beudeutete und ich erkannte meine wahre Passion.

Was ist deine Mission?

Unsere Weinbar ist nichts für Snobs, und genau das ist unsere Mission: den Wein von dem Snobismus und der Elite zu befreien. In Großbritannien fehlt häufig das Verständnis für Weinbars, und dass sie für jeden eine ganzheitliche kulinarische Erfahrung sein können. Wir wollen, dass die Leute hier entspannt sind und für ein Glas Wein oder Essen oder beides vorbeischauen.

Erzähl uns mehr über Noble Rot!

Das Noble Rot Restaurant & Wine Bar befindet sich in einem szene-echten „Town-house" in der bekannten Lamb's Conduit Street in Bloomsbury. Unser Küchenchef Paul Weaver und Stephen Harris vom Michelin-Sterne-Restaurant The Sportsman in Whitstable haben ein exzellentes À-la-carte-Menü mit köstlichen Franglaise-Gerichten kreiert, zudem gibt es eine Auswahl an kleineren Gerichten an der Bar. Die Weinkarte reicht von köstlichen, kaum bekannten Weinen bis hin zu schwer zu findenden Perlen der weltweit führenden Winzer. In den letzten Jahren haben wir zahlreiche Auszeichnungen gewonnen, worüber wir uns sehr freuen und uns in unserer Mission bestärkt fühlen.

Wo wohnst du und warum?

Ich wohne in Queens Park. Es fühlt sich wie eine eigene kleine Stadt an, liegt aber dennoch relativ nahe am Stadtzentrum.

Wie kann man am besten seinen Geschmack für Wein schulen?

Beginne damit, die unterschiedlichen Trauben auszuprobieren, danach die verschiedenen Regionen und erst zuletzt die Produzenten. Also vom Großen zum Kleinen, ein bisschen wie in der Musik: Sobald du Iggy Pop entdeckt hast, führt es dich zu David Bowie und dann zu Kraftwerk. Alles ist miteinander verbunden!

Was sind weitere Lieblingsorte von dir?

• Restaurants: Gymkana, Kiln, The River Café, Hoppers, The Clove Club • Shops: Lamb's Conduit Street und Soho • Kultur: The London Library und Tate Modern

Noble Rot Winestagram 🍷 **125 ml**
(follow us at @

- Scholium Project 'Prince in his Caves' 2014 — £13
- Ridge, Chardonnay 2005 — £20
- Trevallon Blanc 2004 — £23
- Macle, Chateau Chalon 2007 — £21
- Tschida, 'Laissez Faire' 2012 — £21

- Roberto Voerzio, Barolo 'La Serra' 1992 — £30
- Domaine Dujac, Morey-St-Denis 2009 — £26
- Jaboulet, Hermitage 'La Chapelle' 1985 — £47
- Pichon Lalande, Pauillac 1990 — £38
- Ridge, Santa Cruz Mountains Cabernet 1993

- Quintarelli, Recioto della Valpolicella Classico

*Dan Keeling & Mark Andrew
vom Noble Rot*

Hemsely+Hemsely

JASMINE & MELISSA · KÖCHINNEN · ERNÄHRUNGS-PHILOSOPHINNEN · AUTORINNEN
hemsleyandhemsley.com · @hemsleyhemsley

Wie entstand die Idee zu eurer Ernährungsphilosophie?

Unsere Mutter ist Philippinin und unser Vater war Leutnant Colonel in der Armee. Obwohl beide voll gearbeitet haben, war das Essen zu Hause immer mit Liebe und Bedacht zubereitet. Jasmine arbeitete als Model und entwickelte dadurch eine leicht bekömmliche Ernährung, mit der sie sich vital fühlte. Die größte Bedeutung kam dabei den natürlichen und nährstoffreichen Lebensmitteln zu. Jasmine begann bald, Tipps und Tricks mit Freunden und Familie zu teilen. Mel, die mit Brands und Marketing arbeitete, fing den Funken auf und half, die Idee in die Welt zu tragen. Damit wurde Hemsley + Hemsley vor acht Jahren geboren.

Was ist eure Passion?

Die Menschen, die wir lieben, zu bekochen und zu versorgen und anderen zu zeigen, wie einfach und erfüllend es sein kann, grundlegend nahrhaftes Essen zu kochen.

Warum lebt ihr in London?

M: Ich liebe es, dass immer etwas los ist, sei es eine neue Ausstellung, ein neues Theaterstück oder ein Kunst-Kulinarik-Festival, das es zu entdecken gilt.

J: Ich liebe die Begeisterung von London und die Tatsache, dass du es nie wirklich kennen wirst. Es entwickelt sich immer weiter, es gibt immer etwas Neues zu entdecken, es steht nie still.

Welches sind eure Lieblingscafés?

Auf jeden Fall unser geliebtes Hemsley + Hemsley-Café bei Selfridges! Hier fühlen wir uns wie zu Hause und darauf sind wir sehr stolz! Die Speisekarte ist voll von leckeren Gerichten aus unseren beiden Büchern. Darüber hinaus servieren wir Spezialitäten wie verlockende Cocktails, biodynamische Weine, alkoholfreien Champagner und einen unglaublichen Nachmittagstee.

Wo kauft ihr gerne ein?

J: Ich liebe Vintage-Kleidung, Designerverkäufe und Marken, die nachhaltig produzieren. Vintage-Lederstiefel gehören zu meinen liebsten Dingen, nach denen ich in jedem Vintage-Laden Ausschau halte.

M: Ich liebe Lebensmitteleinkäufe auf den großartigen Märkten in London, dort kaufst du automatisch regional, saisonal und nachhaltig. Besonders liebe ich den Maltby Street Market, Crystal Palace und natürlich das Food Mecca Borough Market, wo man den Produzenten selbst begegnet.

London entwickelt sich immer weiter und steht nie still.

Tom Pandé

INTERIOR- UND SET-DESIGNER
tomographer.co.uk

Wo bist du aufgewachsen und seit wann lebst du in London?

Ich bin in Zimbabwe geboren. Im Alter von sechs Jahren sind wir nach Leigh-on-Sea gezogen, und mit 20 Jahren bin ich nach London gegangen, um auf der Goldsmiths University zu studieren. Ich liebe London. Die Stadt ist wirklich wie 1000 Städte in einer. Man entdeckt immer wieder Dinge, von denen man nie dachte, dass man sie brauchen oder mögen würde.

Welche Musik passt zu London?

Thomas Mapfumo – Shumba.

Welche Orte sollte man in London auf jeden Fall aufsuchen?

Den Dover Street Market für ungewöhnliche Mode und ausgefallenes Store Design. Mint für tolle Möbel und Accessoires, Maltby Street Market am Wochenende für kulinarische Köstlichkeiten, Sunbury Antiques Market für Antiquitäten und andere Schätze. An einem Donnerstag sollte man zum Spitalfields Market für Antiquitäten und Vintage-Kleidung vorbeischauen. Für Männermode empfehle ich wärmstens Oliver Spencer in Notting Hill. Ich habe beim Shopdesign geholfen und schätze mich glücklich, ein Freund von Oliver zu sein.

Wo gehst du gerne zum Essen hin?

London ist sehr schnelllebig und die guten Adressen ändern sich ständig. Im Moment mag ich das Brunswick House, die Goldfinger Factory und das Panella London sehr gerne. Das Brunswick House hat eine wundervolle Atmosphäre und tolles Interieur, die Goldfinger Factory ist ein wunderbares Möbelgeschäft und bietet leckeres Essen, das Panella London ist ein Sizilianisches Restaurant mit exzellenten Gerichten.

Wo feierst du gerne?

Wie bei den Restaurants ändern sich die angesagten Spots sehr schnell. Im Moment liebe ich die Events von Steamdown (*steamdown.co.uk*). Einfach auf der Website oder Facebook schauen, wann und wo das nächste Happening ist.

Wie kommst du in London von A nach B?

Ich fahre überall mit dem Fahrrad hin. Mittlerweile habe ich eine kleine, schöne Sammlung an Vintage Bikes. London verändert sich so schnell und ich liebe es, die Veränderungen vom Fahrrad aus wahrzunehmen.

Neben wem würdest du gerne im Flugzeug sitzen?

Neben dem Künstler Ai Weiwei.

Ich liebe es, auf dem Fahrrad in meiner eigenen Stadt verloren zu gehen und so Neues zu entdecken.

Harneet Baweja

MEHRFACHER RESTAURANT-PIONIER
gunpowderlondon.com · @gunpowder_london

Was ist deine persönliche Geschichte?

Ich bin in Kalkutta geboren und aufgewachsen. Meine Eltern haben uns dazu erzogen, abenteuerlustig zu sein und alle Geschmäcker und Gerichte auszuprobieren. Sonntags kochte oft meine Oma, ihr Lieblingsgericht war Ziege mit Spinat und Fladenbrot. Als ich mit 16 Jahren von der Highschool kam, hatte ich meinen ersten Job als Küchenhilfe und seitdem entwickelte sich meine Liebe zum Essen immer weiter. Ich bin viele Male nach London gereist, bevor ich 2014 dauerhaft nach Shoreditch gezogen bin. Gemeinsam mit meiner Frau Devina und dem Chefkoch Nirmal Save habe ich dann 2015 mein erstes Restaurant, das Gunpowder, eröffnet und in den folgenden Jahren kamen weitere hinzu.

Was bedeutet die Essenskultur in London für dich?

Sie ist unglaublich aufregend und lebendig, jeder erweitert hier stetig die Grenzen. Hier ist es tatsächlich so: Man bereist die Welt, ohne die Stadt zu verlassen. Eine besondere Rolle kommt der jungen, aber reifen Food-Szene in Shoreditch und Spitalfields zu. Menschen, die kulinarisch etwas Neues wagen wollen, sind hier und machen es zu ihrem Zuhause. In diesem Kontext geht es im Gunpowder darum, traditionelle indische Familien-Rezepte einem modernen Publikum zu vermitteln und dabei lokale und ethisch hergestellte Produkte zu verwenden.

Was liebst du an London?

London ist sehr weltoffen. Wir leben seit fünf Jahren in Shoreditch und es fühlt sich bereits jetzt wie zu Hause an. Viele unserer Nachbarn sind zu neuen Freunden geworden, die uns immer wieder helfen. Nach der Geburt unseres Sohnes sind sie vorbeigekommen, um ihn zu begrüßen. Wir schulden ihnen viel, denn sie haben uns als Teil ihrer Gemeinschaft aufgenommen.

Wo ist dein persönlicher „happy place"?

Zu Hause mit meiner Frau und meinem neugeborenen Sohn.

Was sind weitere Lieblingsorte für dich?

- Meine eigenen Restaurants: Gunpowder, Madame D und Gul & Sepoy.
- Kultur: Tate Modern, Borough Market
- Bars: Soho House
- Café: Ozone Coffee Roasters
- Restaurant: xiolongbao in China Town

Wir vermitteln traditionelle indische Familienrezepte einem modernen Publikum.

Shini Park

BLOGGERIN · AGENTURINHABERIN · KREATIVES MASTERMIND
parkandcube.com · @parkncube

Seit wann lebst du in London?

Ich bin in Seoul geboren, in Warschau aufgewachsen und lebe jetzt in London. Im September sind es zwölf Jahre. Ich bin mit 19 Jahren hergekommen, um Grafikdesign zu studieren, und habe schlussendlich mein Business hier gegründet.

Wo in London wohnst du?

In einer grünen Umgebung im Norden von London, genannt: Highbury. Es ist relativ nah bei Dalston, ein Stadtteil, den ich sehr gerne mag. Wir sind hierhergezogen, um etwas mehr Ruhe zu genießen.

Was bedeutet London für dich?

Es ist für mich eine Bühne der Selbstexpression. Jeder kann sich so zum Ausdruck bringen, wie er das möchte.

Wäre London ein Mensch, wir würdest du sie/ihn beschreiben?

Sie ist das coole Girl auf einer Hausparty, mit einem schicken Haarschnitt und einer CD mit ihrer eigenen Musik drauf. Sie ist schnell mit jedem befreundet, aber auch diejenige, die mitten in der Nacht verschwindet, um in ihrem eigenen Bett zu schlafen. Sie kann ein richtiges Partygirl sein, aber hat auch eine sehr ordentliche, korrekte und ernste Seite.

Wo gehst du gerne shoppen?

Ich liebe das Liberty. Ein Klassiker in London. Im Osten mag ich Goodhood und Modern Society. Im Westen hingegen The Shop at Bluebird und Couverture. Alex Eagle in Soho ist mein absoluter Lieblingsladen.

Welche Modebrands aus London magst du?

Meine liebsten Designer kommen überall her, aber viele haben Wurzeln in London. Wie Emilia Wickstead, Mary Katrantzou und Eudon Choi.

Gibt es Lieblingsrestaurants?

Ich verpasse nie eine Gelegenheit, um japanisches Frühstück in der Koya Bar in Soho zu essen. Hackney Bureau hat köstliche Pasta und Ethiopiques bietet unglaubliches äthiopisches Essen beim Brick Lane Market.

Was sind weitere Empfehlungen von dir?

Um eine Runde zu arbeiten und einen Kaffee zu trinken gehe ich ins Hoi Polloi im Ace Hotel. Ich mag Bars wie Satan's Whiskers in East London. Sie haben tolle Cocktails und spielen den ganzen Abend Hip Hop und R&B. Dalston Lane ist auch super. Eine schöne Theaternacht im National Theatre an der Southbank ist auch immer grandios, um Londons Puls zu spüren.

Ich bin nach London gekommen, um zu studieren und habe schlussendlich mein Business hier gegründet.

Tanja & Chris Roos

REISEJOURNALISTEN · SOULMATES · CEO NECTAR & PULSE

nectarandpulse.com · @the.rooses

Was verbindet ihr mit London?

T: Ich verbinde viele schöne, intensive Erinnerungen mit London. Mit 16 habe ich in Suffolk als Au Pair gearbeitet und bin jeden freien Tag nach London reingefahren. 2008 bin ich für ein halbes Jahr nach London gegangen, um auf der University of Arts ein Auslandssemester zu machen. Ich habe mit zwei Freundinnen in einem kleinen Zimmer an der Grenze zu Notting Hill gewohnt. Wir haben sehr viel erkundet, waren in Ausstellungen, Parties und haben London wirklich hautnah erlebt, mit allen Höhen und Tiefen. Schönem und Hässlichem. Danach war ich regelmäßig für Projekte da, oder um meine beste Freundin zu besuchen, die am Central Saint Martins studiert hat. Ich liebe die Vielfältigkeit und die Fülle an Inspiration.

Welche Orte mögt ihr besonders gern?

C+T: Die Portrait Gallery, Victoria & Albert Museum, die Serpentine Gallery, White Cube Gallery, Dover Street Market, das Liberty, Petersham Nursery, Sketch, Dalston, die Aussicht vom The Shard, Afternoon Tea im Ritz oder Wolseley, South Bank Joggen, Primrose Hill, Hampstead Heath Badesee, Electric Kino, Rochelle Canteen etc ...

Was empfehlt ihr in London mit Kindern zu machen?

Je nach dem wie alt die Kinder sind, können Hop-on-hop-off-Busse sinnvoll sein, oder alternativ einfach einige Fahrten im Doppeldeckerbus (oben, vorne sitzen). Tower of London, Queen Elisabeth's Olympic Park, Crystal Palace Park, Hyde Park, Shoreditch Nomadic Community Garden, Hackney City Farm, Natural History Museum, V&A Museum of Childhood, Science Museum, Tate Modern ...

Wie sieht ein romantischer London-Trip aus?

Blumen für die Liebste kaufen am Columbia Road Flower Market, eine Bootstour von Camden bis Little Venice, ein Picknick beim Barbican oder in einem der Parks, ein Drink mit Aussicht im Madison, Borough Market, Richmond Park, Electric Cinema oder Aubin Cinema, Nachtspaziergang South Bank, Bötchen fahren auf dem Serpentine Boating Lake ... Schlafen im 40 Winks, Haymarket, Ham Yard, Batty Langley's oder Hazlitt's Hotel. Sich ausgiebig küssen, den Sternenhimmel von einer Brücke beobachten und die Zweisamkeit genießen ...

Oh London, wir kommen bald wieder!

*London ist für uns
schon lange eine Quelle
der Inspiration.*

4. Kultur

Die kulturelle Vielfalt in London ist unerschöpflich und jeder
hat andere Vorlieben. Was bei einem Besuch in London auf
jeden Fall dazu gehört ist: High Tea trinken, die Tate Modern
besuchen, die White Cube Gallery, das Victoria & Albert Museum und die National Portrait Gallery. Es folgt eine Übersicht
mit den kulturellen Essenzen, die wir persönlich bei einem
London-Trip besuchen würden.

CITY	ZENTRUM	OSTEN
1. Barbican Centre *Silk St*	**5. National Portrait Gallery** *St. Martin's Pl*	**13. Victoria Miro** *16 Wharf Rd*
2. Saint Paul's Cathedral *St. Paul's Churchyard*	**6. British Museum** *Great Russell St*	**14. Dennis Severs' House** *18 Folgate St*
3. Tower of London *St Katharine's & Wapping*	**7. Marian Goodman Gallery** *5–8 Lower John St*	**15. Whitechapel Gallery** *77–82 Whitechapel High St*
4. St Bartholomew the Great *Cloth Fair*	**8. National Gallery** *Trafalgar Square*	**16. Columbia Road Flower Market** *Columbia Rd*
	9. Sir John Soane's Museum *13 Lincoln's Inn Fields*	**17. Rivington Place** *Rivington Place*
	10. Somerset House *Strand*	
	11. The Store *180 Strand*	
	12. Wallace Collection *Hertford House, Manchester Square*	

SÜDEN

18. The Shard
32 London Bridge St

19. White Cube
144–152 Bermondsey St

20. Hayward Gallery
Southbank Centre,
337–338 Belvedere Rd

21. Millennium Bridge
Thames Embankment

22. Tate Modern
Bankside

23. Tower Bridge
Tower Bridge Rd

WESTEN

24. Serpentine Gallery
Kensington Gardens

25. Design Museum London
224–238 Kensington High St

26. Big Ben
Westminster

27. Buckingham Palace
Westminster

28. Saatchi Gallery
Duke of York's HQ, King's Rd

**29. Victoria and
Albert Museum**
Cromwell Rd

30. Westminster Abbey
20 Deans Yd

31. Westminster Bridge

32. Westminster Cathedral
42 Francis St

33. Hyde Park
London

NORDEN

34. Chalcot Square Gardens
Chalcot Square

35. Primrose Hill
Primrose Hill Rd

**36. Royal College
of Physicians**
11 St Andrews Pl

37. Zaha Hadid Gallery
101 Goswell Rd

1. BARBICAN CENTRE

CITY • Silk St, EC2Y 8DS
+44 20 7638 8891 • barbican.org.uk

Wir waren richtig überrascht, als wir diese brutalistische Architektur das erste Mal gesehen haben. Es ist atemberaubend anzuschauen und einer unserer absoluten Lieblingsorte in London. Besonders schön ist es bei Sonnenuntergang mit einem Getränk unten am Teich auf den Vorsprüngen.

9. SIR JOHN SOANE'S

ZENTRUM • 13 Lincoln's Inn Fields, WC2A 3BP
+44 20 7405 2107 • soane.org

Dieses Museum ist ein wundervoller Ort, der einmal das Zuhause des charismatischen Architekten Sir John Soane war. Man muss jedoch kein Architekt sein, um die einzigartige Schönheit der Villa, der Kunstkollektionen und Modelle wertzuschätzen. Man taucht ein in eine ganz andere Welt.

19. WHITE CUBE GALLERY

SÜDEN • 144–152 Bermondsey St, SE1 3TQ
+44 20 7930 5373 • whitecube.com

Ein absolutes Highlight im kulturellen Reichtum Londons ist die White Cube Gallery. Die Dimension des Gebäudes erlaubt sehr imposante und großformatige Kunstwerke, die nachhaltig beeindrucken. Vorab liegt das Café Chapter 72 in der Nähe und für Lunch befinden sich die beiden exzellenten Restaurants José und Casse-Croûte.

21. MILLENNIUM BRIDGE

SÜDEN • Thames Embankment, SE1 9JE
cityoflondon.gov.uk

Es ist ein besonders magisches Gefühl auf der Millennium Bridge zwischen Tate Modern und St Paul's Cathedral zu schreiten. Die Brücke verbindet die alte Welt der Religion und die neue Welt des freien Denkens und Gestaltens. Dazwischen hat man den weiten Blick auf die Themse. Ein herrliches Gedankenspiel.

29. VICTORIA & ALBERT

WESTEN • Cromwell Road, SW7 2RL
+44 20 7942 2000 • www.vam.ac.uk

Der Lieblingstipp von unserem Local David Carter. Er empfiehlt, den ganzen Tag frei zu nehmen für das V&A. Tatsächlich bietet das Museum einen solchen Reichtum, dass man einen Tag dort verweilen kann. Frühstück vorher gibt's in der Nähe bei Fernandez & Wells und Lunch im The Admiral Codrington.

24. SERPENTINE GALLERY

WESTEN • Kensington Gardens, W2 3XA
+44 20 7402 6075 • serpentineGaleries.org

In den grünen Weiten der Kensington Gardens befindet sich die Serpentine Gallery. Ein Spaziergang entlang der imposanten Kunstwerke im Freien sind eine friedliche Erholung von den vielen spannenden Eindrücken der Stadt.

21.

1.

GEHT IMMER:

Sir John Soane's Museum

ZENTRUM · 13 Lincoln's Inn Fields

GEHT IMMER:

Tate Modern

Bankside

GEHT IMMER:
Barbican Centre

City, Silk Street

GEHT IMMER:

Ein entspannter Spaziergang an der Themse

Aussicht von der London Bridge

5. Essen & Trinken

„Die Kultur hängt von der Kochkunst ab."
– Oscar Wilde

London ist reich an internationalen Geschmäckern und kulinarischen Institutionen: von einfacher Pub-Küche, türkischen und asiatischen Imbissen, Fish & Chips, internationaler Sterneküche bis hin zu indischen Geschmacksexplosionen. Du findest nach Vierteln geordnet unsere Lieblingsrestaurants für mittags, abends und zwischendurch. Guten Appetit!

M = Mittag · A = Abend
€ = günstig · €€ = moderat · €€€ = gehoben

38. ST. JOHN

CITY • 26 St John St, EC1M 4AY
+44 20 7251 0848 • stjohnrestaurant.com • M/A, €€

Der Name läuft uns in London häufig über den Weg. St. John ist eine Institution nicht nur als Restaurant, sondern auch als Bäckerei. Die Geschmäcker sind ungewöhnlich, aber in ihrer Natur eben klar britisch, und damit ist es ein sehr authentisches Erlebnis der lokalen Küche. Reservieren ist ein Muss! Das Lieblingsessen unseres Local Soulmate David Carter ist übrigens „Monk's Beard, Duck Egg and Anchovies".

39. YAUATCHA

CITY • *1 Broadgate Circle, EC2M 2QS*
+44 20 3817 9888 • yauatcha.com • M/A, €€

Ein weiterer Geheimtipp unseres Local Soulmates David vom 40 Winks Hotel. Die vermutlich besten Dim Sum in London – probier es selbst! Es gibt auch noch ein Restaurant in Soho. Zu Mittag wie am Abend eine kulinarische Freude. Reservierung stets empfohlen.

40. THE OYSTER SHED

CITY • *1 Angel Ln, EC4R 3AB* • *M/A, €€*
+44 20 7256 3240 • *oystershed.co.uk*

Ein sehr leckeres Fischrestaurant. Austern oder Fisch in verschiedensten Variationen. Auch Liebhaber von Fish & Chips werden hier glücklich. Das hippe Restaurant besitzt eine große Glasfront mit herrlicher Aussicht auf die Themse.

41. SWEETINGS

CITY • *39 Queen Victoria St, EC4N 4SF* • *M, €€*
+44 20 7248 3062 • *sweetingsrestaurant.co.uk*

Seit mehr als 100 Jahren serviert das Sweetings einfache, leckere Fischgerichte im Finanzbezirk Londons. Ursprünglich wurde es 1830 in Islington gegründet. Es ist nur mittags unter der Woche geöffnet und zu dieser Zeit eine feste Institution. Uns gefällt die Einfachheit und Echtheit des Interieurs und der Speisen.

42. 10 GREEK STREET

ZENTRUM • *10 Greek St, W1D 4DH* • *M/A, €€*
+44 20 7734 4677 • *10greekstreet.com*

Sympathisches Restaurant mit wechselnder saisonaler Karte. Es fühlt sich wie ein Nachbarschaftsrestaurant an, in dem alle Gäste um die Ecke wohnen und einfach gern wiederkommen.

43. BONNIE GULL SEAFOOD

ZENTRUM • *22 Bateman St, W1D 3AN*
+44 20 7734 6676 • *bonniegull.com* • *M/A, €€*

Alle Gäste sitzen an einer langen stylischen Theke. Serviert werden herrliche Fischgerichte, Muscheln oder Austern. Dazu ein Glas Weißwein und den Köchen bei der Arbeit zuschauen.

44. GYMKHANA

ZENTRUM • *42 Albemarle St, W1S 4JH* • *€€€€*
+44 20 3011 5900 • *gymkhanalondon.com* • *M/A*

Die indische Kultur ist fester Bestandteil Londons und bereichert die Stadt kulinarisch sehr. Das Gymkhana ist bei vielen die erste Adresse, wenn es um „das beste indische" Restaurant der Stadt geht. Einfaches, angenehmes Interieur und ausgezeichnetes Essen. Was will man mehr?

45. HAWKSMOOR AIR

ZENTRUM • *5 Air St, W1J 0AD* • *M/A, €€€*
+44 20 7406 3980 • *thehawksmoor.com*

Lobster, grandiose Burger und das T-Bone Steak über Holzkohle gegrillt: Ein Ort, an den man immer wieder gerne zurückkehrt und stets erstklassige Qualität vorfindet. Auch der Ort, direkt am Picadilly Circus, ist ein lebhaftes Erlebnis.

46. KRICKET SOHO

ZENTRUM • *12 Denman St, W1D 7HH*
+44 20 7734 5612 • *kricket.co.uk* • *M/A, €€*

Das Besondere in diesem hervorragenden indischen Restaurant ist, dass man die meisten der Speisen zum Teilen bestellen kann. – Kleine, schön angerichtete Teller, ein bisschen wie indische Tapas. Der Service ist auch top.

40.

41.

42.

40.

46.

47. BARRAFINA

ZENTRUM • *26–27 Dean Street, W1D 3LL*
+44 20 7440 1456 • barrafina.co.uk • M/A, €€

Das Barrafina gehört zu dem Kreis von Restaurants in London, die seit vielen Jahren die Kulinarik der Stadt prägen. Die kleine Tapas-Bar wird am Abend sehr lebendig und bunt. Auf jeden Fall reservieren und auf ein sympathisches, enges Nebeneinander einstellen.

48. ROKA

ZENTRUM • *37 Charlotte Street, W1T 1RR*
+44 20 7580 6464 • rokarestaurant.com • M/A, €€€

Exzellentes japanisches Essen in einem typisch fernöstlichem Setting. Die Möbel und das Interieur sind sehr reduziert und unaufgeregt, dafür ist das Essen großartig! Das Menü mit vielen verschiedenen interessanten Gerichten kostet ca. 90 € pro Person.

49. SPRING

ZENTRUM • *Lancaster Place, WC2R 1LA*
+44 20 3011 0115 • M/A, €€€
Hier sitzt man tatsächlich im Westflügel des wunderbaren Somerset House. Das Ambiente ist dementsprechend elegant und eindrucksvoll. Das Essen kommt in kleinen Speisen, die herrlich angerichtet sind. Der Hauptgang liegt bei 30 €.

50. THE PALOMAR

ZENTRUM • *34 Rupert St, W1D 6DN • M/A*
+44 20 7439 8777 • thepalomar.co.uk • €€
Tolles israelisches Restaurant mit gemütlich schickem Ambiente. Hier kann man schön an der Bar sitzen und dem Chef beim Kochen über die Schulter blicken. Abends wird es hier sehr eng, also am besten reservieren oder Wartezeit einplanen.

51. BONE DADDIES

ZENTRUM • *31 Peter St, W1F 0AR • M/A, €€*
+44 20 7287 8581 • bonedaddies.com
Sehr gute Ramen-Gerichte und Curry Katsu Bowls für ein schnelles Mittagessen zwischendurch! Auf jeden Fall an der authentisch japanischen Bar sitzen. Es gibt auch noch ein weiteres Restaurant in Soho.

52. BUBBLEDOGS

ZENTRUM • *70 Charlotte St, W1T 4QG*
+44 20 7637 7770 • bubbledogs.co.uk • M/A, €€
In unmittelbarer Nähe zum British Museum befindet sich dieses interessante und leckere Lunch Lokal. Hier gibt es ganz ausgezeichnete Hot Dogs mit Kroketten!

53. HOPPERS

ZENTRUM • *49 Frith St, W1D 4SG*
hopperslondon.com • M/A, €€
Ein echter Geheimtipp von unseren Local Soulmates aus dem Noble Rot: authentische Küche aus Sri Lanka in einem kleinen unprätentiösen Familien-Restaurant. Das Express-Lunch-Menü für 19 €.

54. KILN

ZENTRUM • *58 Brewer St, W1F 9TL*
kilnsoho.com • M/A, €€
Hervorragendes schnörkelloses Thaifood, das direkt vor den Augen der Gäste an der Bar zubereitet wird. Am besten mehrere Speisen zum Teilen bestellen. Auch die Drinks sind äußerst delikat.

55. KOYA SOHO

ZENTRUM • *50 Frith St, W1D 4SQ*
+44 20 7494 9075 • koya.co.uk • M/A, €€
Sensationelle Udon-Nudelsuppen und andere Japanische Spezialiäten werden serviert. Super für den schnellen Hunger zwischendurch, um dann weiter an den ausgefallenen Schaufenstern in Soho entlangzubummeln. Einen großartigen Coffeeshop gibt es direkt gegenüber in der Bar Italia.

49.

50.

50.

49.

51.

GEHT IMMER:

55. Ein Besuch im Koya

ZENTRUM · 50 Frith St, Soho

56. Ein Burger im Flat Iron

ZENTRUM · 9 Denmark Street, Soho

57. BERBER & Q

OSTEN • 338 Acton Mews, E8 4EA • A, €€
+44 20 7923 0829 • berberandq.com

Seien wir ehrlich: jedes gegrillte Fleisch schmeckt besser, wenn es zuerst geräuchert wird. Am besten selbst überzeugen, denn hier wird über Holzkohle gegrillt und geräuchert. Dazu gibt es Mezze aus dem nahen Osten und hippe Musik aus dem nahen Westen.

58. ROTORINO

OSTEN • 434 Kingsland Rd, E8 4AA
+44 20 7249 9081 • rotorino.com • A, €€

Von außen sehr unscheinbar, zeigt sich das Rotorino von innen als moderne Taverne mit ausgezeichneten italienischen Speisen. Wir empfehlen, sich bei den Getränken von den netten Kellnern beraten zu lassen.

59. MARKSMAN HOUSE

OSTEN • 254 Hackney Rd, E2 7SJ • M/A, €€
+44 20 7739 7393 • marksmanpublichouse.com

Gemütliches Restaurant mit holzvertäfelten Wänden, lederbezogenen Holzbänken und echt gutem britischen Essen. Für ein süßes Desert danach zur Lily Vanilli Bakery spazieren.

60. BEIGEL BAKE

OSTEN • 159 Brick Ln, E1 6SB • M/A, €
+44 20 7729 0616 • beigelbake.com

Legendärer Laden in der Brick Lane mit preiswerten Bagels und Salty Beef.

61. THE CLOVE CLUB

OSTEN • Shoreditch Town Hall, 380 Old St EC1V 9LT, +44 20 7729 6496 • M/A, €€€

Etwas hochpreisig, aber für einen besonderen Anlass genau das Richtige. Präzise und interessant komponierte britische Küche in einem schönen, aber unaufgeregtem Setting.

62. SAGER + WILDE

OSTEN • Arch, 250 Paradise Row • M/A, €€
+44 20 7613 0478 • sagerandwilde.com

Ob zum Brunch, Lunch oder Dinner, unbedingt ausprobieren! Mittags gibt es sehr leckere und günstige Angebote, zum Beispiel ein Teller Pasta mit einem Glas Wein für 10 €. Zum Restaurant gehört auch eine luftige Terrasse.

63. CAFÉ SPICE NAMASTE

OSTEN • 16 Prescot St, Whitechapel
+44 20 7488 9242 • cafespice.co.uk • M/A, €€

Dieses tolle, familiengeführte indische Restaurant liegt sehr zentral zwischen Whitechapel Gallery und dem Tower of London. Perwin Todiwala ist ein absoluter Food-Experte, der für das richtige indische kulinarische Erlebnis sorgt und Produkte im Laden vekauft.

64. DISHOOM

OSTEN • 7 Boundary St, E2 7JE
+44 20 7420 9324 • dishoom.com • M/A, €€

Hier lässt sich ein leckeres indisches Mittagessen genießen. Auf der Terrasse kann man sich entspannen, bevor die Entdeckungstour weitergeht.

57.

SAGER + WILDE
£10
BOWL OF PASTA
GLASS OF HOUSE WINE
+
NEGRONI

62.

57.

64.

59.

64.

65. BISTROTHEQUE

OSTEN • *23–27 Wadeson St, E2 9DR*
+44 20 8983 7900 • bistrotheque.com • A, €€€

Auf dem Weg zur Bistrotheque hat man fast das Gefühl, sich verlaufen zu haben, weil man in einem relativ abgelegenen Teil von Shoreditch unterwegs ist. Plötzlich hört man Stimmen, Lachen und die sehr lebhafte Aura dieses wunderbaren Restaurants. Ein Muss für einen schönen Abend zu zweit oder mit Freunden.

66. HILL & SZROK

OSTEN • *60 Broadway Market, E8 4QJ*
+44 20 7254 8805 • hillandszrok.co.uk • M/A, €€

Tagsüber ein Fleischer- und Metzgerladen, abends ein Restaurant.
Man sitzt rund um einen großen Marmortisch, der sonst als La-
dentheke und Arbeitsfläche dient. Das Fleisch im Schaufenster sieht
nachts etwas bizarr aus, aber das Ambiente und Konzept sind toll.
Ihr werdet es lieben (als Fleischliebhaber).

67. ROCHELLE CANTEEN

OSTEN • Arnold Circus, E2 7ES
+44 20 7729 5677 • arnoldandhenderson.com • M/A, €€

Vorbei an roten Backsteinhäusern, direkt am grünen Boundary Garden, kommen wir zu einem kleinen Torbogen mit verschlossener Tür. Der Eingang zu einem bunt blühenden Garten der Rochelle Canteen. Man kann sich hier wunderbar erholen und natürlich exzellent essen. Klingeln nicht vergessen.

68. GUNPOWDER

OSTEN • *11 White's Row, Spitalfields*
+44 20 7426 0542 • gunpowderlondon.com • M/A, €€

Das Restaurant unserer Soulmates Harneet Baweja. Ganz tolles indisches Essen: Jeder Gang ist ein Traum, ob Lamm, Bohnen oder vor allem der marinierte gegrillte Blumenkohl. Super auch zum Lunch, wenn man zwischen Dennis Severs' House und Whitechapel Gallery unterwegs ist. Die Zutaten sind alle sehr hochwertig und meist regional.

69. E. PELLICCI

OSTEN • 332 Bethnal Green Rd, E2 0AG
+44 20 7739 4873 • epellicci.co.uk • M, €

Dieses einfache italienische Restaurant ist eine Institution in Bethnal Green. Hier wird schon seit 1900 Familiengeschichte geschrieben. Zu Beginn wohnten die Pellicis über dem Restaurant und brachten hier ihre sieben Kinder zur Welt! Ein Ort mit Seele.

70. FRANCO'S TAKE AWAY

OSTEN • 67 Rivington St, EC2A 3AY
+44 20 7739 0231 • M, €

So unglaublich klein der Laden auch ist, so sympathisch und echt sind die Pasta und die Köche bei Franco's Take Away. Es liegt in direkter Nähe zum Goodhood Shop.

71. THE CULPEPER

OSTEN • 40 Commercial St, E1 6LP
+44 20 7247 5371 • theculpeper.com • M/A, €€

Schon von außen ist das Restaurant ein Hingucker und das Interieur ist ebenso schön: Grünpflanzen, offene Backsteinwände, deckenhohe Fenster und bunte Kacheln. Es bezeichnet sich selbst als Pub wegen der zentralen Theke, aber es fühlt sich eher nach modernem Bistro an.

72. CASSE-CROÛTE

SÜDEN • 109 Bermondsey St, SE1 3XB
+44 20 7407 2140 • M/A, €€€

Kleines und charmantes französisches Restaurant mit herzlichem Service.

Die Karte ist so angenehm klein, dass man sich einfach auf die nette, familiäre Atmosphäre konzentrieren und auf die leckeren Gerichte freuen kann.

73. JOSÉ

SÜDEN • 104 Bermondsey St, SE1 3UB
+44 20 7403 4902 • josepizarro.com • M/A, €€

Eine kleine spanische Tapasbar mit tollem Service und noch besserem Essen. Es ist erstaunlich, wie viele Gäste in diesen kleinen Raum passen, aber dadurch hat man eine lebendige Stimmung. Lieber etwas früher zum Dinner, dann bekommt man einen Platz am schönen Marmortresen. Auf jeden Fall den „Pulpo" kosten.

74. PADELLA

SÜDEN • 6 Southwark St, SE1 1TQ
padella.co • A, €€

In dem kleinen italienischen Restaurant sitzen alle Gäste gemeinsam an einer Theke und genießen die exzellente hausgemachte Pasta. Dazu gibt es ebenfalls hausgemachtes Sauerteigbrot und Burrata.

75. THE ANCHOR & HOPE

SÜDEN • 36 The Cut, SE1 8LP • M/A, €
+44 20 7928 9898 • anchorandhopepub.co.uk

Ein bodenständiger moderner Pub. Nach einem Spaziergang über die Millennium Bridge und einem Aperitiv im London Grind eine gemütliche Location für ein lockeres Dinner.

70.

73.

71.

71.

74.

74.

Einkehren bei Wright
Brothers oder Elliot's!

<u>GEHT IMMER:</u>

76. Borough Market

Täglich 10.00–17.00
außer sonntags

TELEPHONE
PARK STREET
BAR MEALS

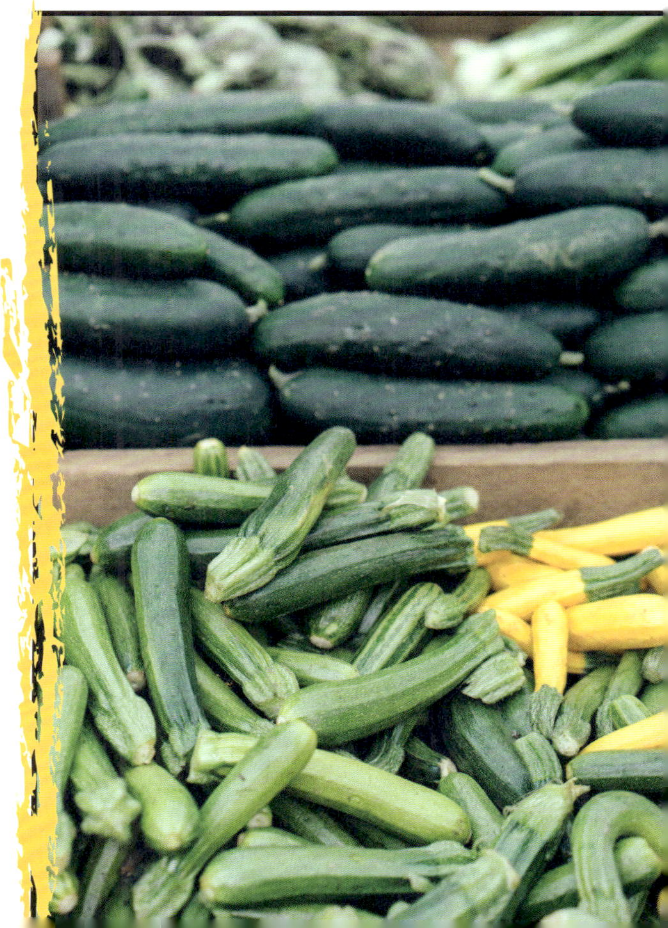

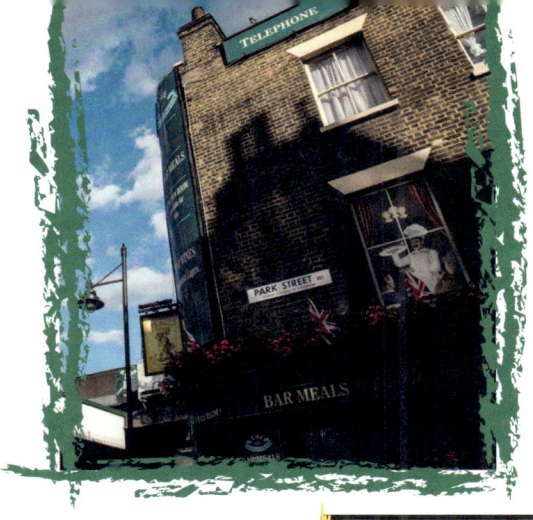

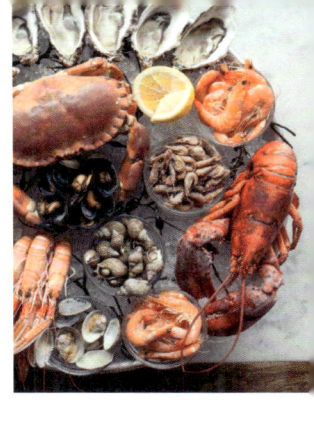

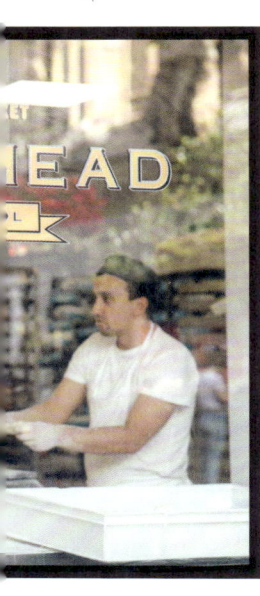

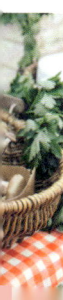

77. HEREFORD ROAD

WESTEN • *3 Hereford Rd, W2 4AB* • *M/A, €€*
+44 20 7727 1144 • *hereforoad.org*
Traditionelles britisches Restaurant in
Notting Hill.

78. THE SHED

WESTEN • *122 Palace Gardens Terrace*
+44 20 7229 4024 • *M/A, €€*
Hier werden viele unterschiedliche,
köstliche Gerichte auf kleinen Tellern
serviert.

79. ADMIRAL CODRINGTON

WESTEN • *17 Mossop St, SW3 2LY* • *M/A, €€*
+44 20 7581 0005 • *theadmiralcodrington.co.uk*
Ein moderner englischer Pub mit authentisch stillvollem Interieur. Klas-
sische britische Gerichte in moderner
Zubereitung. Super in Verbindung mit
einem Besuch im Victoria & Albert
Museum.

80. THE GRENADIER

WESTEN • *18 Wilton Row, SW1X 7NR* • *M/A, €€*
+44 20 7235 3074 • *grenadierbelgravia.com*
Eine Perle unter den Londoner Pubs.
Bei klassisch britischen Gerichten und
einem dunklen Ale kann es britischer
kaum werden. Es liegt sehr zentral
zwischen Buckingham Palace und
Hyde Park. Danach also auf jeden Fall
eine Runde spazieren, vielleicht bei
der Serpentine Gallery vorbeischauen.

81. THE LEDBURY

WESTEN • *127 Ledbury Rd, W11 2AQ*
+44 20 7792 9090 • *theledbury.com* • *M/A, €€€*
Mit zwei Michelin-Sternen wurde es
schon zum besten Restaurant in UK
ausgezeichnet. Brett Graham hat seine
Karriere als Koch tatsächlich in einem
einfachen Fischrestaurant in Austra-
lien begonnen. Das Vier-Gänge-Menü
zum Dinner gibt es für 125 €.

82. OTTOLENGHI ISL.

NORDEN • *287 Upper St, N1 2TZ* • *M/A, €€*
+44 20 7288 1454 • *ottolenghi.co.uk*
Es gibt mehrere Filialen von Ottolen-
hi und wir können jede empfehlen.
Yotam Ottolenghi ist ein kulinari-
scher Star, der bereits viele Kochbü-
cher geschrieben und Preise gewonnen
hat. Er wuchs in Jerusalem auf und
hat einen neuen Stil zu Kochen geprägt. Ein Besuch ist bei jedem Lon-
dontrip Pflicht.

83. QUALITY CHOP HOUSE

NORDEN • *88–94 Farringdon Rd, EC1R 3EA*
+44 20 7278 1452 • *M/A, €€*
Thonet-Stühle, schwarz-weiß geflies-
ter Kachelboden und nebenan ein
Fleischereigeschäft. Die Gerichte sind
klar, mit viel Fleisch, dunklem Rot-
wein und vor allem lecker! Auf jeden
Fall vorher reservieren.

77.

82.

77.

82.

78.

78.

83.

6. Cafés
&
Süßes

Auch wenn England hauptsächlich für seinen Tee-Konsum bekannt ist, hat London auch sehr viel guten Kaffee zu bieten. Die Cafés sind nach Bezirken geordnet, sodass man seinen Koffeinkick gleich findet. Wir verraten natürlich auch unsere liebsten Adressen für die obligatorische „Tea-Time" und einige unserer liebsten Frühstückslokale.

„Wo Kaffee serviert wird, da ist Anmut, Freundschaft und Fröhlichkeit!"
– Ansari Djerzeri Hanball Abd-al-Kadir

85.

85. CHILTERN FIREHOUSE

ZENTRUM · 1 Chiltern St, W1U 7PA
+44 20 7073 7676 · chilternfirehouse.com

Der absolute Lieblingsort für ein tolles Frühstück! Zum Dinner bekommt man hier nur schwer einen Tisch, aber zum Frühstück stehen die Chancen auch für Kurzentschlossene gut, vor allem unter der Woche. Ein Muss für den Londonbesuch!

84. SEXY FISH

ZENTRUM · Berkeley Square House, W1J 6BR
+44 20 3764 2000 · sexyfish.com

Eine sensationelle Location. Mit einem außergewöhnlichen Luxus-Frühstücksbrunch am Wochenende. Das japanische Frühstück mit mehreren Gängen gipfelt in dem Signature Dish: Grün-Tee-Waffeln. 48 € pro Person.

86. THE WOLSELEY

ZENTRUM · 160 Piccadilly, W1J 9EB
+44 20 7499 6996 · thewolseley.com

Breakfast at the Wolseley. Das gehört mittlerweile schon zum kulturellen Angebot Londons, das man erlebt haben muss. Lunch geht aber auch, Hauptsache man erlebt das Treiben und den bunten Mix an Menschen, die es hier herzieht. Wenn man es erst zum Lunch herschafft, dann halten wir es mit unserem Local Soulmate David Carter: Bestelle Roasted Chicken mit Kartoffelpüree.

85.

87. THE BREAKFAST CLUB

ZENTRUM · 33 D'Arblay St, W1F 8EU
+44 20 7434 2571 · thebreakfastclubcafes.com

Name ist Programm! Dieses einfache
Frühstückslokal spezialisiert sich auf die
herzhaften Freuden am Morgen. Großartige
Pancakes, Sandwiches. Einziges Manko: hier
kann man nicht reservieren und die Schlange
wir schnell länger. Also besser früher als
später kommen! Oder gleich in eine andere
Filiale wechseln, beispielsweise Hoxton, hier
kann man online reservieren.

88.

84.

Frühstück

88. BALTHAZAR

ZENTRUM · 4–6 Russell St, WC2B 5HZ
+44 20 3301 1155 · balthazarlondon.com

Für ein großformatiges Frühstück ist das
Balthazar der richtige Ort. Diese imposante
Brasserie ist ein Ableger des New Yorker
Haupthauses. Das Frühstück ist klassisch
und das Ambiente allein einen Besuch wert.

89. DUCK & WAFFLE

OSTEN · 110 Bishopsgate, EC2N 4AY
+44 20 3640 7310 · duckandwaffle.com

Leckeres Frühstück bei atemberaubender
Aussicht aus dem 40. Stockwerk. Unbedingt
reservieren! 24/7 geöffnet. Wow!

84.

88.

90. MAISON BERTAUX

ZENTRUM · *28 Greek St, W1D 5DQ*
+44 20 7437 6007 · maisonbertaux.com

91. ENGLISH TEA ROOM AT BROWNS HOTEL

ZENTRUM · *33 Albemarle St, W1S 4BP*
+44 20 7493 6020 · roccofortehotels.com

Tea

86.

Time

93. THE GORING

WESTEN · 15 Beeston Pl, SW1W 0JW
+44 20 7396 9000 · thegoring.com

92. SKETCH

ZENTRUM · 9 Conduit St, W1S 2XG
+44 20 7659 4500 · sketch.london

94. THE RITZ

ZENTRUM · 150 Piccadilly, W1J 9BR
+44 20 7493 8181 · theritzlondon.com

Die obligatorische Tea Time in London gehört bei einem London-Besuch einfach dazu. Am besten vorher auf den genannten Websites oder telefonisch buchen.

92.

94.

95. ASSOCIATION COFFEE

CITY • 10–12 Creechurch Ln, EC3A 5AY
+44 20 7283 1155 • associationcoffee.com

Für Kaffeeliebhaber genau das Richtige. Das leckere Brot für die Sandwiches kommt übrigens von unserem Geheimtipp in London Fields, der E5 Bakery!

96. OZONE COFFEE

CITY • 11 Leonard St, EC2A 4AQ
+44 20 7490 1039 • ozonecoffee.co.uk

Das bevorzugte Café unseres Locals Harneet, dem Chef vom Gunpowder. Hier gibt es ausgezeichneten Kaffee, Snacks und eine schöne Stimmung im „Industrial Look".

97. WORKSHOP COFFEE

CITY • 27 Clerkenwell Rd, EC1M 5RN
+44 20 7253 5754 • workshopcoffee.com

Das Barbican Centre gehört zu unseren Favoriten in London, weil uns die atemberaubende brutalistische Architektur so gut gefällt. Gleich in der Nähe ist das Workshop Coffee für eine Stärkung vor oder nach dem Barbican Besuch.

98. BAR ITALIA

ZENTRUM • 22 Frith St, W1D 4RF
+44 20 7437 4520 • baritaliasoho.co.uk

Kleine, authentisch italienische Espressobar mit herrlichen Ciabattas und einigen wenigen Plätzen zum Draußensitzen. Das Ambiente könnte italienischer nicht sein.

99. HEMSLEY + HEMSLEY

ZENTRUM • 400 Oxford St, W1A 1AB
+44 20 7318 3170 • hemsleyandhemsley.com

Unser Schwesternteam Hemsley & Hemsley betreibt dieses schöne inspirierte Café zwischen Marylebone und Mayfair. Die Rezepte hier sind kreativ und lecker, die Atmosphäre jung, lustig und lebendig.

100. KAFFEINE

ZENTRUM • 66 Great Titchfield St, W1W 7QJ
+44 20 7580 6755 • kaffeine.co.uk

Nettes kleines Café in der Nachbarschaft mit süßen Törtchen und netter Bedienung. Wenn man mal in der Nähe ist …

101. MONMOUTH COFFEE

ZENTRUM • 27 Monmouth St, WC2H 9EU
+44 20 7232 3010 • monmouthcoffee.co.uk

Sicherlich eines der besten Cafés in London, wenn es um den Kaffee im Café geht. Hier wird nämlich selbst geröstet!

102. SOHO GRIND

ZENTRUM • 19 Beak St, W1F 9RP
+44 20 7287 7073 • grind.co.uk

Manchmal braucht es mitten in der Stadt einen Ort, wo man sich mal kurz setzen und verschnaufen kann. Das Soho Grind ist dafür optimal gelegen. Auch die Espresso Martinis sind immer einen Besuch wert.

103. THE BLACK PENNY

ZENTRUM • 34 Great Queen St, WC2B 5AA
+44 20 7242 2580 • theblackpenny.com

In unmittelbarer Nähe zum Sir John Soane's Museum, ein Lieblingsort von Local Soulmate Selvin. Das Museum ist ein Muss und das Black Penny ist ein ausgezeichneter Ort, um das Erlebte bei vorzüglichem Lunch zu reflektieren.

104. ALLPRESS ESPRESSO

OSTEN • 55 Dalston Ln, E8 2NG
+44 20 7749 1780 • uk.allpressespresso.com

Kaffee in Dalston ist modernes Kulturgut. Hier wird exzellenter Kaffee mit eigener Röstung gebraut. Auch super zum Frühstück in einem lichtdurchfluteten Ambiente.

105. CLIMPSON & SONS

OSTEN • 67 Broadway Market, E8 4PH
+44 20 7254 7199 • climpsonandsons.com

Wir lieben es, den Broadway Market entlangzuschlendern. Hier gibt es „East London at its best": kleine Backsteinhäuschen, passionierte Ladeninhaber und den besten Kaffee der Straße: Climpson & Sons.

106. DARK ARTS COFFEE

OSTEN • Arch 216, 27A Ponsford St, E9 6JU
+44 20 3774 0131 • darkartscoffee.co.uk

Das Dark Arts in Hackney macht herrlich aromatischen Kaffee mit eigener Röstung und serviert vorzügliches Frühstück. Dazu gibt es die Atmosphäre des alternativen Hackneys.

107. MARKET CAFÉ

OSTEN • 2 Broadway Market, E8 4QJ
+44 20 7249 9070 • market-cafe.co.uk

Direkt am Regent's Canal mit Blick auf den alten Gasometer liegt das gemütliche Frühstückslokal. Von hier kann man wunderschön am Wasser entlang bis zum Towpath Café spazieren.

108. PALM VAULTS

OSTEN • 411 Mare St, E8 1HY
+44 7391 139805 • palmvaults.com

Super hippes und elegantes Frühstückscafé in Hackney. Das Interieur ist großartig, ebenso das Frühstück. Von hier aus auf jeden Fall auf Entdeckungstour bei Chase & Sorensen für Vintage-Möbel gehen.

109. PAVILION

OSTEN • Victoria Park, Old Ford Rd, E9 7DE
+44 20 8980 0030

Wer dem Großstadttrubel entfliehen will, kann hier direkt am See Kaffee trinken. Auch mit Kindern super. Wer Hunger bekommt, spaziert von hier zu Sager + Wilde. Dort am besten jedoch vorher anrufen.

110. TOWPATH CAFÉ

OSTEN • 42 De Beauvoir Cres, N1 5SB
+44 20 7254 7606

Eines unserer Lieblingscafés in London, direkt am Regent's Canal. Hier kann man gemütlich seinen Kaffee trinken und den Fahrradfahrern, Läufern und Kajakern zusehen.

107.

105.

110.

EIN KLASSIKER:

Beigel Bake

Osten, 159 Brick Ln, E1 6SB

111. VIOLET

OSTEN • 47 Wilton Way, E8 3ED
+44 20 7275 8360 • violetcakes.com

Eine Entdeckungstour nach Dalston und ein Stück Kuchen in der unprätentiösen, aber dafür charmanten Bäckerei empfehlen wir unbedingt.

112. BROOKLYN COFFEE

OSTEN • 139 Commercial St, E1 6BJ
+44 20 7375 2628 • brooklyncoffee.co.uk

Das Lieblingscafé von unserem Local Soulmate David Carter. Viel minimalistischer kann eine Kaffeebar eigentlich nicht sein. Aber eben reduziert auf das Wesentliche, den Kaffee.

113. E5 BAKE HOUSE

OSTEN • 395 Mentmore Terrace, E8 3PH
+44 20 8525 2890 • e5bakehouse.com

Eine tolle Bäckerei und Frühstückslokal in einem Gewölbe unter der Bahnstrecke an der Station London Fields. Man kommt hier nur mit einem kleinen Spaziergang hin, aber der Weg lohnt sich. Ein echter Geheimtipp!

114. ELECTRIC CINEMA

OSTEN • 64–66 Redchurch St, E2 7DP
+44 20 3350 3490 • electriccinema.co.uk

Ein wunderbar gemütliches Kino mit allem was man sich wünscht: ein nettes Café im Obergeschoß, duftendes Popcorn und ein kleiner Kinosaal mit weichen Sesseln zum Zurücklehnen.

115. JONESTOWN COFFEE

OSTEN • 215 Bethnal Green Rd, E2 6AB
+44 20 7739 7476 • jonestown.co.uk

Wer <u>Bethnal Green</u> erkundet, der muss unbedingt bei <u>E Pellicci</u> zu Mittag essen. Danach am besten auf einen Kaffee hier im Jonestown Kaffee.

116. LEILA'S SHOP

OSTEN • Calvert Ave, E2 7JP
+44 20 7729 9789

Ein familiärer Laden und Café am friedlichen und malerischen <u>Boundary Gardens Park</u>. Wir genießen es sehr, hier entlangzuspazieren und die roten Backsteinhäuser zu betrachten.

117. BOUNDARY PROJECT

OSTEN • 2–4 Boundary St, E2 7DD
+44 20 7729 1051 • boundary.london

Das Boundary Project ist alles unter einem Dach: Café, Restaurant und Hotel. Ob auf einen Kaffee, zum Lunch, um die Aussicht vom Rooftop zu genießen oder als Hotel-Gast, es ist immer eine gute Wahl!

118. LILY VANILLI BAKERY

OSTEN • 6 The Courtyard, Ezra St, E2 7RH
lilyvanilli.com

Süße Bäckerei, wo die Tartes kleine Kunstwerke sind. Sie liegt direkt am <u>Columbia Flower Market</u>. Achtung, hat nur am Sonntag geöffnet, also einfach mit einem Besuch auf dem berühmten Blumenmarkt verbinden.

111.

113.

116.

113.

116.

GEHT IMMER:

Electric Cinema

Osten, Aubin & Wills Store, 64–66 Redchurch St, E2 7DP

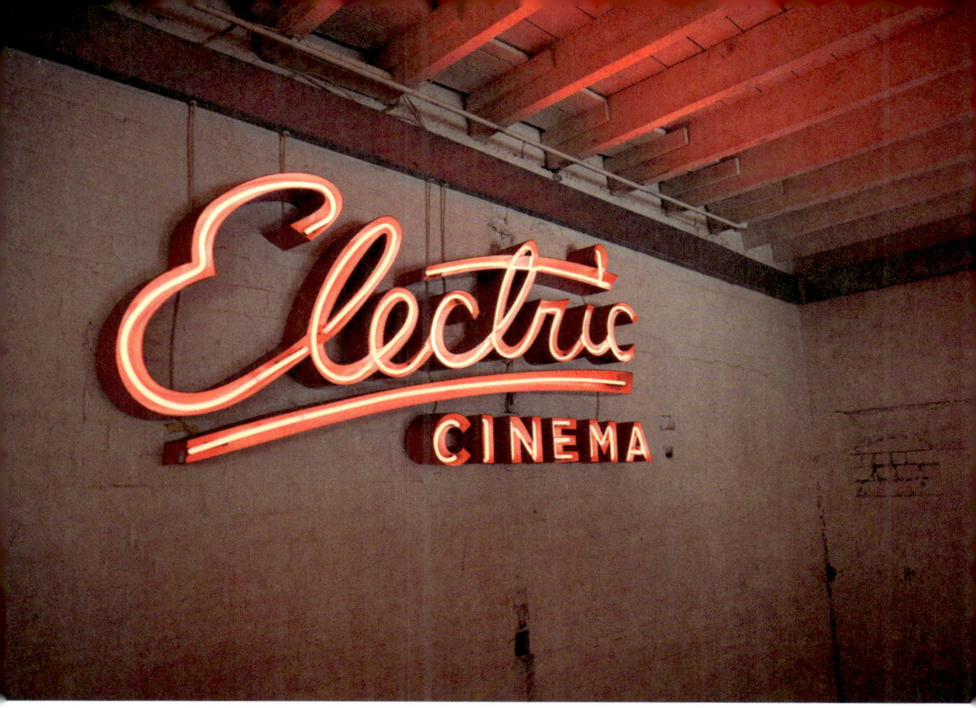
Electric
CINEMA

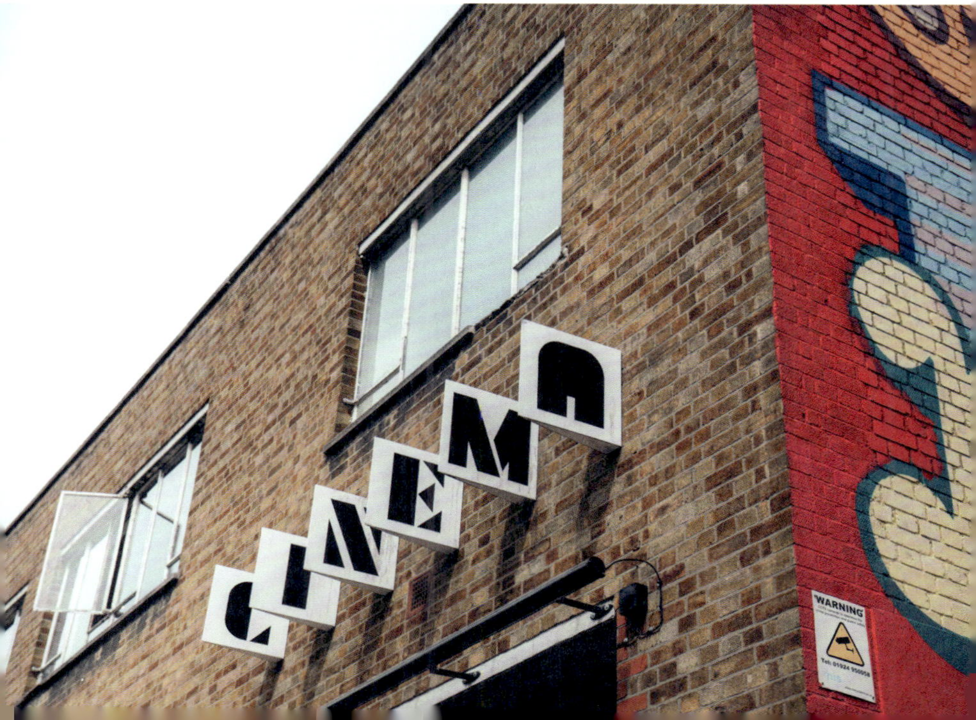
CINEMA
WARNING

119. CHAPTER 72

SÜDEN • 72 Bermondsey St, SE1 3UD
+44 20 7403 1100 • chapter-72.com

Wer in der White Cube Gallery unterwegs ist, der findet hier etwas abseits des Trubels ein nettes Café, um das Gesehene Revue passieren zu lassen.

120. GENTLEMEN BARISTAS

SÜDEN • 63 Union St, SE1 1SG
+44 7871 455581 • thegentlemenbaristas.com

Toller Kaffee und leckerer Snack für Zwischendurch. Direkt am Borough Market gelegen.

121. LOWRY & BAKER

WESTEN • 339 Portobello Rd, W10 5SA
+44 20 8960 8534

Kleines unaufgeregtes Café mit liebevoll angerichteten Frühstücksköstlichkeiten.

122. FERNANDEZ & WELLS

WESTEN • 8A Exhibition Rd, SW7 2HF
+44 20 7589 7473 • fernandezandwells.com

Unsere erste Anlaufstation nach einem Besuch im legendären V&A Museum ist dieses spanische Café. Hier gibt es exzellente Sandwiches und ausgezeichneten, starken Kaffee.

123. SAINT ESPRESSO

NORDEN • 26 Pentonville Rd, N1 9HJ
saintespresso.com

Kleines sympathisches Café im äußersten Norden Londons in der Nähe der Victoria Miro Gallery. Schwarzes Gold zum Reinlegen.

124. THE COFFEE JAR

NORDEN • 83 Parkway, NW1 7PP
+44 7956 032741

In Camden enstehen mittlerweile mehr und mehr kleine Läden und eine interessante Subkultur. Wer hier unterwegs ist, dem empfehlen wir herzliche Cookies und Sandwiches bei The Coffee jar nach einem Spaziergang durch den Regent's Park.

GEHT IMMER:

Ein Drink auf dem Dach vom Boundary Project

Osten, 2–4 Boundary St, E2 7DD

7. Shops

Eine Auswahl unserer Lieblingsläden in London. London ist schon lange ein Vorreiter in Sachen Trends und ausgefallener, progressiver Mode. Du findest neben den besten Concept Stores noch schöne Geschäfte für Frauen und Männer, Interieur und Bücher. Happy Shopping!

„Das Schönste im Leben ist kostenlos.
Das zweitschönste ist ziemlich teuer.“
– Coco Chanel

125. DOVER STREET MARKET

ZENTRUM • 18–22 Haymarket, SW1Y 4DG
london.doverstreetmarket.com

Dieser supercoole, trendige Store ist das Beste, was London für Fashion-Liebhaber zu bieten hat! Auf 4 Stockwerken findet sich eine grandiose Auswahl an internationalen und englischen Marken aus dem Luxussegment. Das Interieur ist einmalig und ähnelt in manchen Ecken eher einer privaten Galerie als einem Modegeschäft. Die Beratung ist hip und höflich zugleich.

126. GOODHOOD

OSTEN • *151 Curtain Rd, EC2A 3QE*
goodhoodstore.com

Eines der angesagtesten und beliebtesten Modegeschäfte in Shoreditch. Im Untergeschoss gibt es zudem eine tolle Kollektion von Interior-Produkten. Die Musik macht Laune zum Shoppen! Nebenan gibt es leckeres günstiges Lunch bei <u>Franco's Takeaway</u> und die inspirierende <u>Rivington Place Gallery</u>.

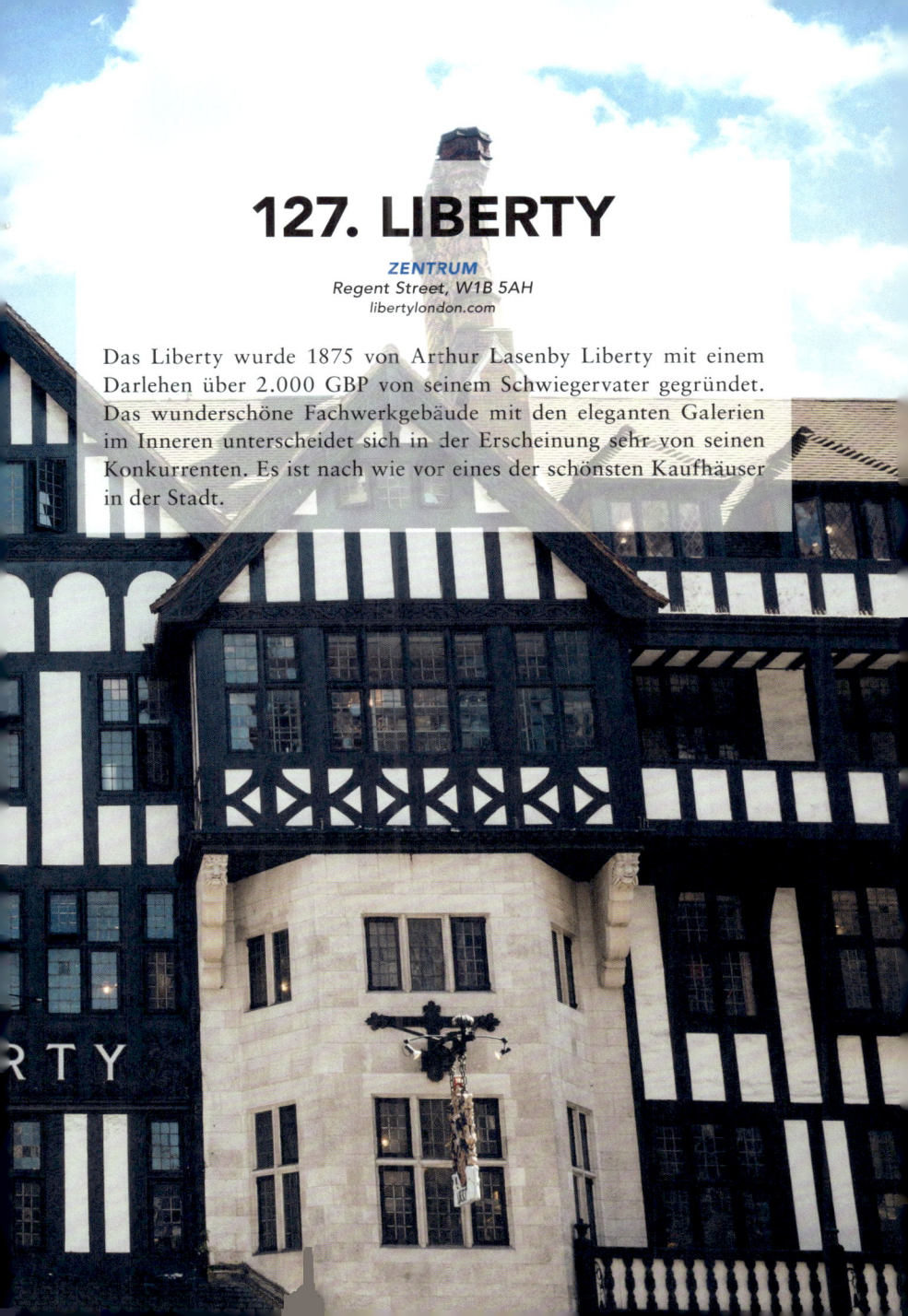

127. LIBERTY

ZENTRUM
Regent Street, W1B 5AH
libertylondon.com

Das Liberty wurde 1875 von Arthur Lasenby Liberty mit einem Darlehen über 2.000 GBP von seinem Schwiegervater gegründet. Das wunderschöne Fachwerkgebäude mit den eleganten Galerien im Inneren unterscheidet sich in der Erscheinung sehr von seinen Konkurrenten. Es ist nach wie vor eines der schönsten Kaufhäuser in der Stadt.

Shopping-St

SAVILE ROW
ZENTRUM
W1S

PICCADILLY
ZENTRUM
W1J

CHILTERN STREET
ZENTRUM ·
W1U 6NW

LAMB'S CONDUIT STREET
NORDEN
WC1N 3NG

REDCHURCH STREET
OSTEN
E2 7DJ

BOUNDARY GARDENS
OSTEN
E2 7JS

BROADWAY MARKET
OSTEN
E8 4QJ

Kaufhäuser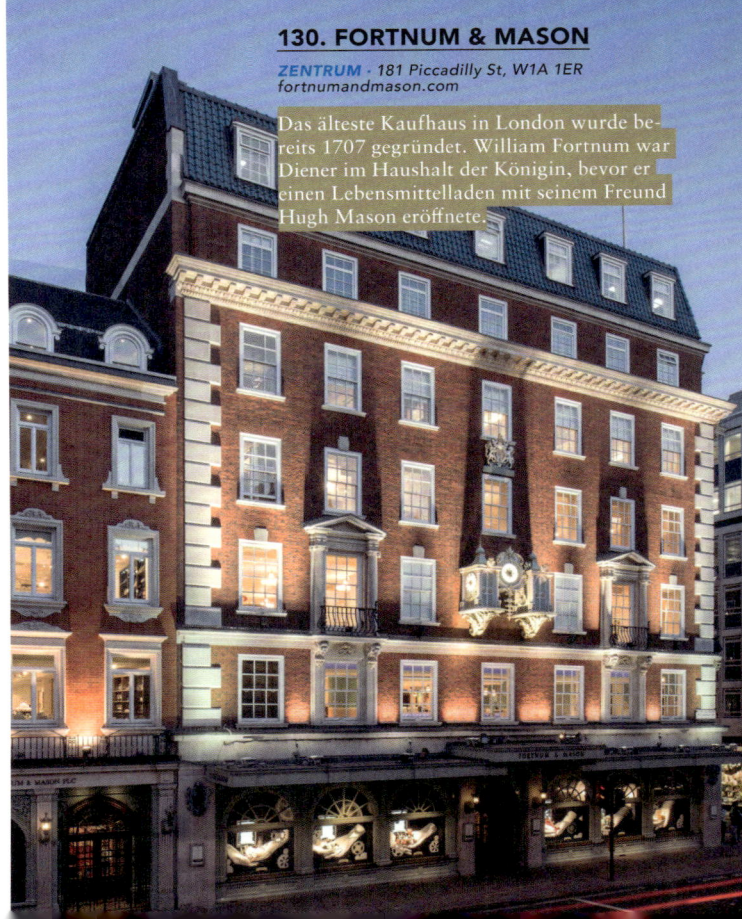

128. HARRODS

SÜDWESTEN · 87–135 Brompton Rd, SW1X
harrods.com

Das wohl bekannteste Kaufhaus der Stadt wurde 1834 von Henry Harrods gegründet. Er war damals erst 25 Jahre alt. Das Kaufhaus trägt das Motto "All things for all people, everywhere."

129. SELFRIDGES

ZENTRUM · 400 Oxford St, Marylebone, W1A 1AB
selfridges.com

Das jüngste der bekannten Kaufhäuser in London (Gründung 1909). Es gibt zu der Gründungsgeschichte eine spannende Serie (*Mr. Selfridge*), die den eindrucksvollen Pioniergeist des Gründers erzählt.

130. FORTNUM & MASON

ZENTRUM · 181 Piccadilly St, W1A 1ER
fortnumandmason.com

Das älteste Kaufhaus in London wurde bereits 1707 gegründet. William Fortnum war Diener im Haushalt der Königin, bevor er einen Lebensmittelladen mit seinem Freund Hugh Mason eröffnete.

131. THE MONOCLE SHOP

ZENTRUM • *2 George St, W1U 3QS*
monocle.com

Der stylische Monocle-Shop in Marylebone lohnt immer für einen kurzen Besuch, wenn man hier im beliebten Shopping-Viertel unterwegs ist. Ganz in der Nähe ist auch das Chiltern Firehouse, der perfekte Ort für ein luxuriöses Frühstück (nur mit Reservierung).

132. FOLK

ZENTRUM • *24 Great Windmill St, W1D 7LG*
folkclothing.com

Stilvolles Modegeschäft für Kleidungsstücke, die man einfach jeden Tag gerne trägt. Danach zu einem außergewöhnlich guten und preiswerten Lunch ins Kricket (Indisch) oder zu Kiln (Thailändisch).

133. BROWNS

ZENTRUM • *24–27 S Molton St, W1K 5RD*
brownsfashion.com

Dieser großartige Fashionladen mit internationalen Brands aus dem Luxussegment wurde bereits in den 70-er-Jahren von Joan Burstein und ihrem Ehemann gegründet. Er gehört damit zu den ersten Multi Brand Shops.

134. MHL

OSTEN • *19 Old Nichol St, E2 7HR*
margarethowell.co.uk

In der Umgebung des Parks Boundary Gardens gibt es viele kleinere Boutiquen. MHL ist eine davon, doch hier wechseln die Geschäfte auch immer wieder. Einfach mit offenen Augen, nach Lust und Laune umschauen.

135. BROWNS EAST

OSTEN • *21 Club Row, E2 7EY*
brownsfashion.com

Dieser Ableger der exklusiven Modekette Browns ist weniger frequentiert als der größere Laden im Zentrum, aber das Gebäude hat das raue Charisma einer englischen Fabrikhalle und ist zudem wegen der etwas ausgefalleneren Kuration zu empfehlen.

136. LN-CC

OSTEN • *8–24 Shacklewell Ln, E8 2EZ*
ln-cc.com

Einzigartes Interieur, man fühlt sich hier wie in einer Raumkapsel! Der Eingang zum Shop ist schwer zu finden, aber das steigert die Überraschung, wenn man ihn gefunden hat. Ein luxuriöses Vergnügen für Fashionliebhaber!

137. UNDERCOVER UMBR.

CITY • *20 Hanbury St, Spitalfields*
londonundercover.co.uk

Wir hoffen du hast tolles Wetter in London! Falls nicht, dann kannst du dir hier zumindest einen typisch britischen Regenschirm kaufen und stilvoll durch den Regen schlendern.

LIFESTYLE

138. FLORIS LONDON

ZENTRUM • *89 Jermyn St, SW1Y 6JH*
florislondon.com

Hier gibt es Parfums seit 1730! Eine Reise ist immer der perfekte Zeitpunk, um mal wieder einen neuen Duft auszuprobieren und sich neu zu erfinden. Wo, wenn nicht hier?!

139. WHISTLES

ZENTRUM • *12–14 St Christopher's Pl, W1U 1NH*
whistles.com

1978 in London gegründet und seitdem ein absoluter Klassiker: zeitlose, feminine, hochwertige Schnitte und Stoffe.

140. N. KIRKWOOD

ZENTRUM • *5 Mount St, W1K 3NE*
nicholaskirkwood.com

Der britische Designer kreiert wunderschöne Schuhe, inspiriert von zeitgenössischer Kusnt, Architektur und Bildhauerei. Nicht ganz günstig, aber durch die qualitative Herstellung lange tragbar.

141. V. BECKHAM

ZENTRUM • *36 Dover Street, W1S 4NH*
victoriabeckham.com

Elegante, figurbetonte Kleider der ehemaligen Sängerin und heutigen anerkannten Designerin. Der Store in London ist wie eine Galerie und auch wenn man nichts kauft ein schönes Erlebnis.

142. BEYOND RETRO

OSTEN • *110–112 Cheshire St, E2 6EJ*
beyondretro.com

Ganz tolles, vollgepacktes und buntes Vintage-Modegeschäft in Shoreditch! Ein echtes Erlebnis. Stilgerecht geht's am besten gegenüber im The Carpenters Arms auf ein Lager oder zum E.Pellicci - Pasta essen! Das wahrscheinlich beste und günstigste italienische Restaurant in London.

143. ROKIT

OSTEN • *101 Brick Ln, E1 6SE*
rokit.co.uk

Der Lieblingstipp zum Vintage Shopping von unseren Local Soulmate Schwestern Hemsley + Hemsley. Im Vintage-Mekka Shoreditch.

144. ALLY CAPELLINO

OSTEN • *9 Calvert Ave, E2 7JP*
allycapellino.co.uk

Wir sind große Fans von Taschen der britischen Designerin Ally Capellino. Der Laden ist klein und oft sehr geschäftig, die Designs sind klassisch und zeitlos.

145. ALEX EAGLE STUDIO

ZENTRUM • *6–10 Lexington St, W1F 0LB*
alexeagle.co.uk

Ein Muss für jede Fashionista. Wunderschöner, sehr gut kuratierter Laden mit den angesagtesten Marken. Top!

146. ALBAM CLOTHING

ZENTRUM • 23 Beak St, W1F 9RS
albamclothing.com

Das gelbe Schaufenster springt einem gleich ins Auge und man muss einfach hineingehen. Coole, alltägliche Männermode vom englischen Regenmantel bis zum französischen Slipper.

147. TRUNK CLOTHIERS

ZENTRUM • 8 Chiltern St, W1U 7PU
trunkclothiers.com

Tolle Jackets mit modernen englischen Mustern. Liegt super in der schönen Chiltern Street direkt gegenüber vom Chiltern Firehouse. Hier kann man ein einmaliges Luxus-Frühstück genießen – nur unbedingt vorher reservieren.

148. PRESENT LONDON

OSTEN • 140 Shoreditch High St, E1 6JE
present-london.com

Sehr schöner hipper Männerladen mit freundlicher Bedienung und Beratung. Liegt etwas abseits der üblichen Shoppingrouten, daher weniger bekannt.

149. PAPER DRESS

OSTEN • 352a Mare St, E8 1HR
paperdressvintage.co.uk

Für Vintage-Liebhaber ein absolut großartiger Spot in Hackney!

150. WOLF & BADGER

WESTEN • 46 Ledbury Rd, W11 2AB
wolfandbadger.com

Toller, großzügiger Store mit vielen spannenden, unabhängigen und häufig nachhaltigen Marken. Für Männer wie Frauen. Hier kann man super sein London Item shoppen, das einen zu Hause an den schönen Trip erinnert.

151. OLIVER SPENCER

NORDEN • 62 Lamb's Conduit St, WC1N 3LW
oliverspencer.co.uk

Direkt gegenüber der Noble Rot Wine Bar befindet sich dieses charmante Männergeschäft für Casual Fashion der eigenen Brand Oliver Spencer. 2002 wurde es in London gegründet und inspiriert von Londons diversen Subkulturen.

152. LABOUR AND WAIT

OSTEN • 85 Redchurch St, E2 7DJ
labourandwait.co.uk

Dieses Geschäft ist mehr als nur ein erstklassiges, exzellent sortiertes, qualitatives Fachgeschäft für Haushaltwaren. Es spiegelt den neuen Wunsch nach dem Echten, dem Wahren und Schönen wider. Unglaublich geschäftiger Laden!

153. NATIVE & CO

WESTEN • 116 Kensington Pk Rd, W11 2PW
nativeandco.com

Keramik im Native & Co gibt die Ästhetik und den Charme Notting Hills auf eine elegante Weise wieder. Hier findet man sicher ein tolles Geschenk zur Erinnerung, welches man zuhause täglich verwenden und sich daran erfreuen kann.

154. SCP

OSTEN • 135–139 Curtain Rd, EC2A 3BX

SCP in Shoreditch ist ein sehr gut kuratiertes Möbelgeschäft mit so vielen Lieblingsstücken, dass sich hier jeder in etwas verliebt. Zudem gibt es dort leckeren Espresso!

155. CHASE & SORENSEN

OSTEN • 238B Dalston Lane, E8 1LQ
chaseandsorensen.com

Ein super Geheimtipp für Vintage- Möbel ist dieses kleine Geschäft in Hackney. Hier im Nord-Osten der Stadt kann man gut auf Schatzsuche gehen.

156. JASPER MORRISON

OSTEN • 24b Kingsland Rd, E2 8DA
jaspermorrisonshop.com

Es ist erstaunlich, aber ein so gut sortierter Laden mit derart liebevollen Auslagen beruhigt die Seele. Alles hat seinen Platz, für jeden Zweck im Haushalt gibt es das richtige Werkzeug.

157. MOMOSAN SHOP

OSTEN • 79a Wilton Way, E8 1BG
momosanshop.com

Wunderschöne Keramik und Teeservices. Auf jeden Fall mit einem Besuch in der Bäckerei Violet verbinden, die nur wenige Gehminuten entfernt liegt.

158. ALFIES

ZENTRUM • 13–25 Church St, NW8 8DT
alfiesantiques.com

Alfies Antik-Markt ist eine richtige Institution für Antiquitäten für jeden Geschmack. Schräge Lampen, schrille Sofas und einfach schöne Dinge, die eine Geschichte zu erzählen haben. Ein bisschen wie ein Museum.

159. CARL HANSEN & SON

NORDEN • 16 Bowling Green Ln, EC1R 0BU
carlhansen.com

Wunderschöner Flagshipstore der dänischen Möbelmarke in einem typisch englischen Setting mit Backsteinwänden und super hohen Decken. Bei einem Abstecher nach Clerkenwell lohnt sich hier ein kurzer Besuch.

INTERIOR

160. MAISON ASSOULINE

ZENTRUM • 196A Piccadilly, W1J 9EY
assouline.com

Atemberaubende Buchhandlung mit ewig hohen Decken, Skulpturen, sehr vielen gemütlichen Sitzgelegeneheiten und einer imposanten Bar, die Cocktails serviert.

161. DAUNT BOOKS

ZENTRUM • 84 Marylebone High St, W1U 4QW
dauntbooks.co.uk

Typisch englische Buchhandlung, die eigentlich in das Kapitel Kultur gehört, weil sie London so sehr repräsentiert.

162. LONDON LIBRARY

ZENTRUM • 14 St James's Square, SW1Y 4LG
londonlibrary.co.uk

Nicht direkt eine Buchhandlung, aber eine besonders schöne und urige Bibliothek, die man gesehen haben sollte. Ein Lieblingstipp unserer Local Soulmates aus der Noble-Rot-Weinbar.

163. MAGMA

ZENTRUM • 29 Short's Gardens, WC2H 9AP
magma-shop.com

Super Buchhandlung für ausgefallene Karten, Magazine oder kleine Geschenke für Freunde.

164. ARTWORDS

OSTEN • 20–22 Broadway Market, E8 4QJ
artwords.co.uk

Für Designliebhaber ein toller Zwischenstopp auf dem Broadway Market. Am besten mit einem neuen Buch zu <u>Climpsons & Sons</u>. Unbedingt mit dem Verkäufer ins Gespräch kommen.

165. LIBRERIA

OSTEN • 65 Hanbury St, E1 5JP
libreria.io

Sehr schön kuratierte unabhängige Buchhandlung mit familiärer Atmosphäre und netter Beratung. Vor allem die Deckenspiegel und die vielen Sessel machen das gemütliche Interieur aus.

166. DONLON BOOKS

OSTEN • 75 Broadway Market, E8 4PH
donlonbooks.com

Diese kleine unabhängige Buchhandlung ist vollgepackt mit spannenden Titeln über Design, Kunst, Geschichte und auch völlig ungewöhnliche, überraschende Themen.

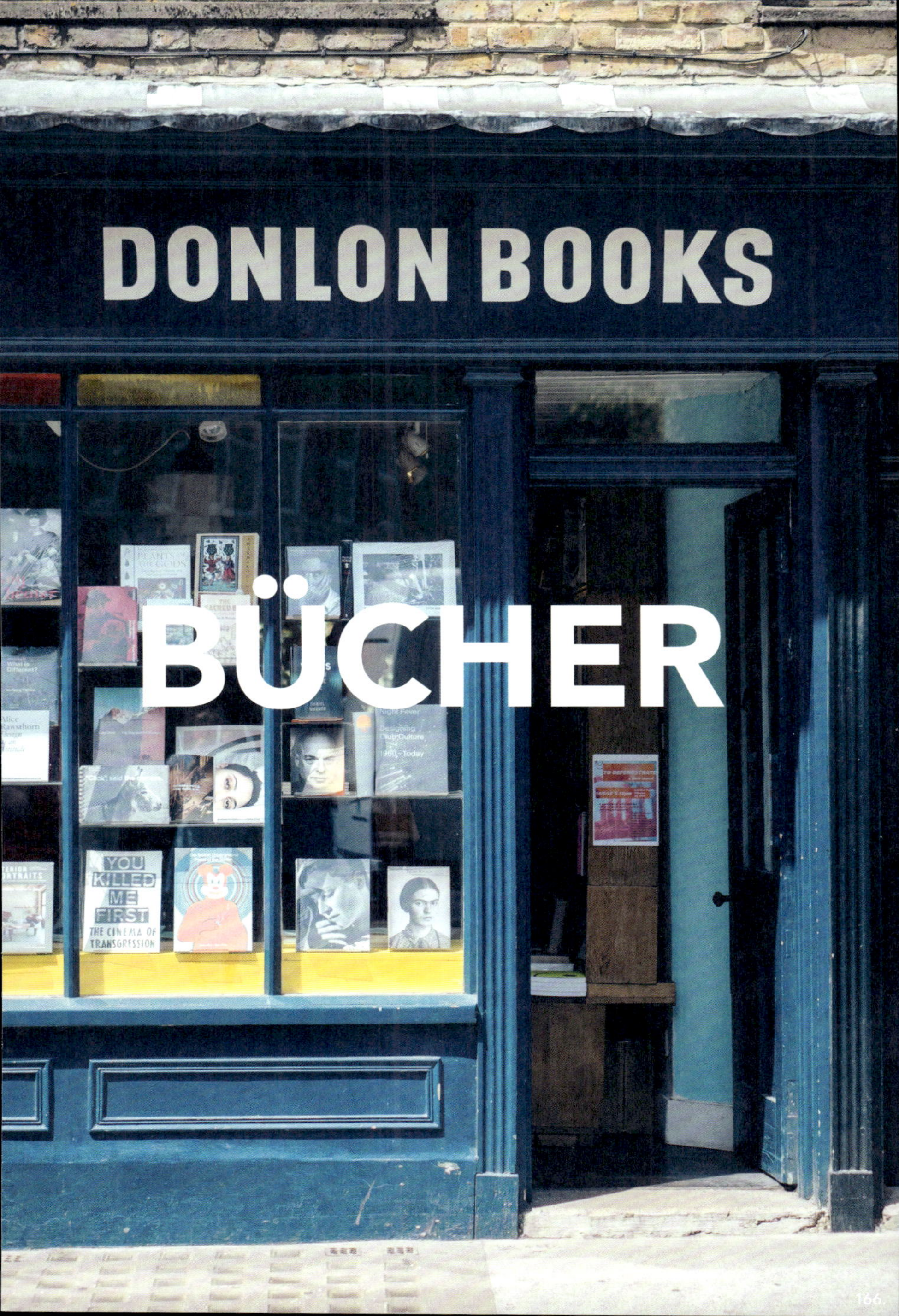
DONLON BOOKS
YOU KILLED ME FIRST
THE CINEMA OF TRANSGRESSION
Night Fever
Designing Club Culture 1960–Today

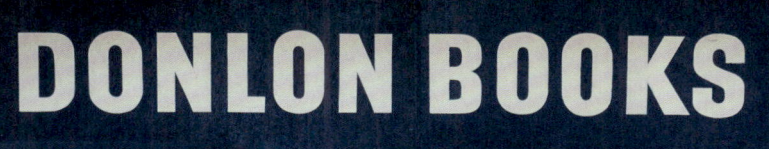

BÜCHER

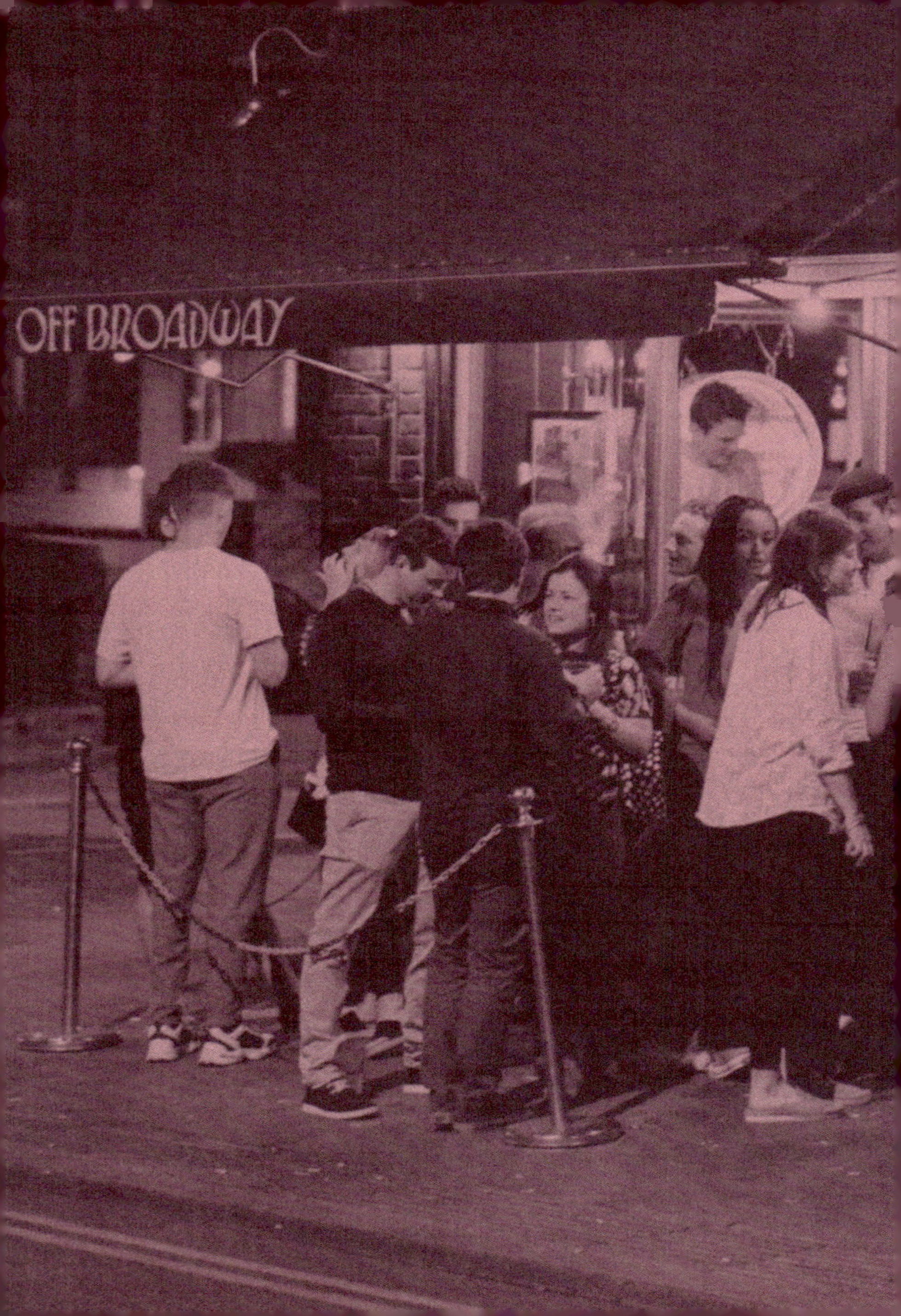
OFF BROADWAY

8. Bars & Clubs

London gilt als eine Stadt mit pulsierendem Nachtleben. Laut, schrill, neonfarben. Zentrum der Indie-, Punk- und Elektromusik. Außerdem gibt es unzählige Pubs, Bars und „Underground"- Orte. Viel Vergnügen. Frohes Tanzen!

„Die Nächte lehren viel, was die Tage niemals wissen …"
– aus Persien

167. LONDON GRIND
CITY
2 London Bridge, SE1 9RA

168. OIRIOLE BAR
CITY
E Poultry Ave, EC1A 9LH

169. SKETCH
ZENTRUM
9 Conduit St, Mayfair, W1S 2XG

174. WILTON MUSIC HALL
OSTEN
1 Graces Alley, Whitechapel, E1 8JB

170. CARPENTERS ARMS
ZENTRUM
73 Cheshire St, E2 6EG

175. THE CAT & MUTTON
OSTEN
76 Broadway Market, E8 4QJ

171. NOBLE ROT WINE BAR
ZENTRUM
51 Lamb's Conduit St, WC1N 3NB

176. HAPPINESS FORGETS
OSTEN
8–9 Hoxton Square, N1 6NU

172. POLPO SOHO
ZENTRUM
41 Beak St, W1F 9SB

177. UNTITLED
OSTEN
538 Kingsland Rd, E8 4AH

173. MAHIKI
ZENTRUM
1 Dover St, W1S 4LD

178. SCOUT
OSTEN
93 Great Eastern St, EC2A 3JD

Bars

179. DANDELYAN
SÜDEN
20 Upper Ground, SE1 9PD

180. DUKES
WESTEN
35 St James's Pl, SW1A 1NY

181. ORIGINAL SIN
NORDEN
129 Stoke Newington High St,
N16 0PH

176.

182. THE JAZZ CAFÉ
NORDEN
5 Parkway, NW1 7PG

179.

183. FABRIC
CITY
77A Charterhouse St, EC1M 6HJ

184. CORSICA STUDIOS
SÜDEN
4/5 Elephant Rd, SE17 1LB

185. MINISTRY OF SOUND
SÜDEN
103 Gaunt St, SE1 6DP

186. CLF ART CAFÉ
SÜD-OSTEN
A, Bussey Building, 133 Rye Ln, SE15 4ST

187. PRINTWORK
SÜD-OSTEN
Surrey Quays Rd, SE16 7PJ

188. PHONOX
BRIXTON
418 Brixton Rd, SW9 7AY

189. THE NEST
OSTEN
36 Stoke Newington Road, N16 7XJ

190. DALSTON SUPERSTORE
OSTEN
117 Kingsland High St, E8 2PB

191. STEAM DOWN
steamdown.co.uk
Tolle Events in immer anderen Locations. Auf der Website erfährst du mehr.

Clubs

9. Hotels

Wir lieben gute Hotels mit Seele. Einzigartige Orte und die Geschichten, die dort geschrieben werden. Wir lieben passionierte Gastgeber, die wissen, was dem Gast Freude bereitet. Kontraste sind ebenso willkommen wie Herzlichkeit. Vom kleinen, versteckten, rustikalen Hide-Away bis hin zum weiträumigen, noblen, luxuriösen Stadthotel. Eine Auswahl unserer London-Lieblinge findest du auf den folgenden Seiten.

„Der Schlaf ist doch die köstlichste Erfindung …"
– Heinrich Heine

192. 40 WINKS

OSTEN • *109 Mile End Rd, E1 4UJ*
+44 20 7790 0259 • 40winks.org • €€

Mit nur zwei Zimmern bezeichnet sich 40 Winks als das weltweit kleinste Boutique Hotel. Gestartet als Fotolocation für internationale Modeshootings entwickelte es sich zu einem kleinen inspirierenden Wohlfühlort. Unser Local und Besitzer David Carter garantiert einen schönen Aufenthalt, er hat als Interior Designer das gesamte Haus gestaltet und versorgt die Gäste zusätzlich mit spannenden philosophischen Gesprächen.

193. HAYMARKET HOTEL

ZENTRUM • 1 Suffolk Pl, SW1Y 4HX
+44 20 7470 4000 • firmdalehotels.com • €€€

Wir lieben die wunderschönen Firmdale Hotels wie das Haymarket, Ham Yard oder Number Sixteen. Jeder Raum erzählt eine Geschichte. Die Besitzer der Gruppe, denen insgesamt zehn Hotels in London und New York gehören, sind das Paar Tim & Kit Kemp. Kit hat selbst alle Hotels eingerichtet in ihrem unverwechselbaren, erfrischenden, charmanten britischen Townhouse-Stil. Ihr Motto: „Hotels sollten leben und keine steifen Institutionen sein."

EXZENTRISCHE BLEIBE:

40 Winks

Osten, 109 Mile End Rd, E1 4UJ

194. ACE HOTEL

OSTEN • *100 Shoreditch High St, E1 6JQ*
+44 20 7613 9800 • acehotel.com • €€

Junges, hippes Hotel mit gutem Prei-Leistungsverhältnis im Osten von London nahe der Liverpool Station. Die Zimmer sind funktional eingerichtet und die Stimmung im Hotel stets lebendig und einladend. Hier kommen auch ab und zu Locals zum Arbeiten hin.

195. HAZLITT'S

ZENTRUM • *6 Frith St, W1D 3JA*
+44 20 7434 1771 • hazlittshotel.com • €€€

Das Hazlitt's ist ein wahres Schmuckstück! Wer auf typisch viktori-
anischen, romantischen, opulenten Stil steht, ist hier genau richtig.
Die wichtigsten Sehenswürdigkeiten sind von hier ausgezeichnet zu
erreichen. Das Haus hat Persönlichkeit und ist das perfekte Hotel
für ein romantisches Wochenende.

196. ARTIST RESIDENCE

WESTEN • 52 Cambridge St, SW1V 4QQ
+44 20 3019 8610 • artistresidence.co.uk • €€

Cooles Hotel, kleines Hotel nur fünf Gehminuten von Victoria Station und fußläufig zu vielen Sehenswürdigkeiten. Eine schöne Bar und ein Restaurant mit sehr leckeren Burgern rundet das ganze Erlebnis ab. Die Zimmer sind geschmackvoll eingerichtet und die Betten ein Traum.

197. BATTY LANGLEY'S HOTEL

CITY • *12 Folgate St, E1 6BX*
+44 20 7377 4390 • battylangleys.com • €€€

Ein sehr individuelles, ruhiges und charmantes Hotel mit exquisi-
tem Interieur und vielen Antiquitäten, nahe des quirligen Spitalfields Market gelegen. Ein wirklich besonderer Ort, um sich wie in
vergangenen Londoner Zeiten zu fühlen. Das Personal erfüllt gerne
jeden Wunsch.

198. THE HOXTON

OSTEN • 81 Great Eastern St, EC2A 3HU
+44 20 7550 1000 • thehoxton.com • €€

Perfekt gelegen für alle, die East London erkunden wollen. Es bietet ein gutes Preis-Leistungsverhältnis im Vergleich zu anderen Londoner Hotels. Ein Highlight ist sicher das Frühstücksservice. Im Preis inbegriffen hängt das Hotel jeden morgen auf Wunsch ein Frühstückspackage an die Tür, bestehend aus Banane, Orangensaft und einem Müslijoghurt.

199. LONDON EDITION

ZENTRUM • 10 Berners St, W1T 3NP
+44 20 7781 0000 • marriott.com • €€€

Sehr geschmackvolles Hotel. Der Vice President der Edition Marke, Ben Pundole entwickelt seit zwei Jahrzehnten Hotel-Konzepte gemeinsam mit der Hotel-Ikone Ian Schrager aus New York. Die Hotels sind immer ganz vorne mit dabei und bündeln alle Strömungen des aktuellen Zeitgeistes.

200. THE BOUNDARY

OSTEN • 2–4 Boundary St, E2 7DD
+44 20 7729 1051 • boundary.london • €€€

Das Boundary ist in der beliebten Redchurch Street im hippen Shoreditch gelegen. Man findet dort geräumige Zimmer (für Londoner Verhältnisse) und eine tolle Dachterrasse mit wunderschönem Ausblick.

201. SHOREDITCH HOUSE

OSTEN • 1 Ebor St, E1 6AW

+44 20 7739 5040 • shoreditchhouse.com • €€

Das Hotel wirkt fast wie ein kleines Landhaus inmitten vom geschäftigen Treiben. Wunderschön und authentisch. Es gibt auch eine Sauna, einen Fitnessraum und ein Dampfbad für Erholung nach einem langen Tag in der Stadt. Zugehörig zum ersten Soho House, welches in London gegründet wurde.

202. TOWN HALL

OSTEN • 8 Patriot Square, E2 9NF

+44 20 7871 0460 • townhallhotel.com • €€

Ein sehr schönes Hotel mit großen Zimmern und geschmackvoller Einrichtung. Es gibt auch einen 15m langen, beheizten Pool und einen gut ausgestatteten Fitnessraum um sich nach einem langen Stadtbummel was Gutes zu tun. Die ursprüngliche Town Hall eröffnete 1910 und viele der Art-Deco-Elemente sind noch erhalten.

203. THE ROOKERY

CITY • 12 Peter's Ln, EC1M 6DS

+44 20 7336 0931 • rookeryhotel.com • €€€

Sehr schönes Boutique Hotel mit leicht nostalgischen Zimmern. Es ist sehr ruhig mit britischem Charme und in toller Lage.

Aufwachen im Haymarket und das Frühstück auf dem Zimmer genießen – da kann ein Tag nur gut starten.

10. Besondere Lieblingsorte

Rausfahren aus der Stadt ins Grüne, zu einem Gartencafé, ein Wochenende in einem der schönen Hide-Aways verbringen, auf Gebäude mit atemberaubender Aussicht fahren. Einatmen. Ausatmen. Zur Ruhe kommen. Auf einem Flohmarkt neue Schätze finden oder im Theater ein lustiges Stück sehen. Sich was Gutes tun. All das Besondere findest du auf den nächsten Seiten.

„Gib jedem Tag die Chance,
der schönste deines Lebens zu werden."
– Mark Twain

AUSFLÜGE

Serpentine Lido
Hyde Park, W2 2UH

Brunswick House
30 Wandsworth Rd, SW8 2LG

Tibetan peace gardens
107a St George's Rd, SE1 7PP

The river café
Thames Wharf, Rainville Rd,
W6 9HA

Whitstable
In der Nähe von Canterbury

Petersham Nursery
Church Lane, Petersham Road,
Richmond TW10 7AB

Soho Farmhouse
1 Tracey Farm Cottages,
Great Tew, Chipping Norton
OX7 4JS

City Bath

North Norfolk

MÄRKTE

Maltby Street Market
Maltby St, SE1 3PA
(Am Wochenende)

The Crystal Palace Market
3–7 Church Rd, SE19 2TF

Broadway Market
E8 4PH
(Samstag)

Borough Market
8 Southwark St, SE1 1T
(täglich außer Sonntag)

Columbia Road Flower M.
Columbia Rd, E2 7RG
(täglich außer Mo./Di.)

Portobello Market
Portobello Rd, W11 1AN
(täglich)

Smithfield Market
Central Markets, EC1A 9PS
(täglich außer Wochenende)

Spitalfields Market
16 Horner Square, E1 6EW
(täglich)

TEE

T2 Tea Shoreditch
8–50 Redchurch St, E2 7DP

Postcard Teas Ltd
9 Dering St, Mayfair, W1S 1AC

Fortnum Mason
181 Piccadilly, W1A 1ER

My cup of Tea
5 Denman Pl, Soho, W1D 7AH

Good & Proper Tea
96 Leather Ln, EC1N 7TX

Mariage Frères Tea Emp.
Selfridges, 400 Oxford Street,
Floor –1

AUSBLICKE

The Shard
London Eye
St. Pauls
Tate Modern
Primrose Hill
The Monument
Tower Bridge
Hampstead Heath Park
One New Change

Bars:

Rumpus Room
20 Upper Ground, SE1 9PD

Frank's Café
95A Rye Ln, SE15 4ST

Culpeper Roof Garden
40 Commercial St, E1 6LP

Radio Rooftop Bar
336–337 Strand, WC2R 1HA

Dalston Roof Park
18–22 Ashwin St, E8 3DL

Rooftop St. James
Spring Gardens, SW1A 2TS

The Boundary
2 Boundary Street, E2 7JE

Sushisamba
110 Bishopsgate, EC2N 4AY

Oxo Tower
Barge House St, SE1 9PH

KINO & THEATER

Electric Cinema
191 Portobello Road, W11 2ED
64–66 Redchurch St, E2 7DP

Young Vic Theatre
66 The Cut, SE1 8LZ

Globe Theatre
21 New Globe Walk, SE1 9DT

Royal Opera House
Bow St, WC2E 9DD

Adelphi Theatre
Strand, WC2R 0NS

Royal Albert Hall
Kensington Gore, SW7 2AP

Wigmore Hall
36 Wigmore Street, W1U 2BP

> Donnerstags erscheint
der „Evening Standard"
mit der nützlichen „Hot
Tickets"-Beilage

PUBS

Prince Alfred
5A Formosa St, W9 1EE

Lansdowne
90 Gloucester Ave, NW1 8HX

Carpenters Arms
12 Seymour Pl, W1H 7NE

Royal Oak
44 Tabard St, SE1 4JU

The Bull & Last
168 Highgate Rd, NW5 1QS

Cat & Mutton
76 Broadway Market, E8 4QJ

Southhampton Arms
139 Highgate Rd, NW5 1LE

WEITERE RECHERCHE:

BLOGS

Nectar & Pulse
> *nectarandpulse.com*
Time Out
> *timeout.com*
London on the inside
> *londontheinside.com*
Informed London
> *http://informedlondon.com/*
Secret London
> *secretldn.com*
The London Thing
> *thelondonthing.co.uk*
The Nudge
> *thenudge.com*

TOUREN

Hop-On-Hop-Off
London Underground & Tube Tour
Greenwich Foot Tunnels
withlocals.com
eatingeurope.com
secretfoodtours.com
getyourguide.de

THEATER & KINO

londontheatre.co.uk
officiallondontheatre.com
londonnet.co.uk
electriccinema.co.uk/shoreditch
www.electriccinema.co.uk
www.regentstreetcinema.com
www.institut-francais.
org.uk/cine-lumiere

INSTAGRAM ACCOUNTS

@visitlondon
@prettycitylondon
@siobhaise
@georgianlondon
@bemorephotos
@tmnikonian
@meanderingmacaron
@prettylittlelondon
@clerkenwellboyec1
@eastlondonmornings
@crazycatladyldn
@ldncheapeats
@londonfoodograph

DANKE,

für's Kaufen, Lesen, Sich-Inspirieren-Lassen, Reisen und Entdecken mit diesem Reiseführer. Er wurde mit sehr viel Feldforschung, Liebe und Freude gestaltet.

Seit 2010 haben wir es uns mit NECTAR & PULSE zur Aufgabe gemacht, die schönsten Orte dieser Welt zu finden und mit neugierigen, reiselustigen und gleichgesinnten Menschen zu teilen. Aus dieser jahrelangen Recherche und Liebe zum Reisen ist eine große Schatzkiste aus Restaurants, Cafés, Shops, Hotels, Museen, Galerien, Seen, Bars und inspirierenden Local Soulmates entstanden. All diese Schätze findest du in unseren Guides.

Auf unserer Website kann man sich zusätzlich Tipps von Local Soulmates downloaden und nach und nach produzieren wir mehr Guides gemeinsam mit der Süddeutsche Zeitung Edition. Unter anderem gibt es die Glücklich in … Reihe bereits für London, Berlin und bald Paris, Schweden, Toskana und Island. Bei Fragen oder Anmerkungen schreib uns gerne.

Eine erfüllte Reise wünschen

Tanja & Christian

Mehr auf
NECTAR & PULSE - nectarandpulse.com
Süddeutsche Zeitung Edition - SZ-Shop.de

Instagram
@nectarandpulse
@the.rooses

Kontakt
hello@nectarandpulse.com

Das Leben ist eine Reise.

IMPRESSUM

© 2018 NECTAR & PULSE GmbH & Co KG, Berlin

Idee & Redaktion: Tanja Roos und Dr. Christian Roos
Konzept, Recherche, Design: Tanja Roos und Dr. Christian Roos

Herausgeber: Süddeutsche Zeitung Edition 2018
für die Süddeutsche Zeitung GmbH München
Projektmanager: Till Brömer und Sabine Sternagel
Karte/Infografik: Julia Kraus, Eric Löffelmann, Anne Milachowski
Herstellung: Thekla Licht und Hermann Weixler
Druck und Bindung: optimal media GmbH, Röbel / Müritz
ISBN: 978-3-86497-472-4
1. Auflage

Local Soulmates:
Stefi Orazi, David Carter, Sevil Peach, Dan Keeling und Mark
Andrew, Jasmine and Melissa Hemsley, Tom Pande, Harneet Baweja, Shini Park,
Tanja & Christian Roos

Fotografie:
NECTAR & PULSE - Tanja Roos und Christian Roos,
Sim Canetty-Clarke, Boundary Project, Emma Lee, Peden and Munk, Veele Evens,
John Carey, Justin de Souza, Jade Nina Sarkhel, run to the hills, Per Anders Jorgensen,
David Loftus, Adam Luszniak, Joe Woodhouse, Richard Southall, Gareth Gardner,
Amber Rowlands, Stefan Johnson, Elliot Sheppard, Jemma Watts, Kristin Perers,
Christoffer Rudquist, Alun Callender, Nick Hopper, Benjamin Davies, Lateef

—

Die in diesem Reiseführer enthaltenen Informationen wurden von den Autoren nach bestem Wissen erstellt und von ihnen und dem Verlag mit größtmöglicher Sorgfalt überprüft. Dennoch sind inhaltliche Fehler mit letzter Gewissheit nicht auszuschließen. Daher erfolgen die Angaben ohne jegliche Verpflichtung oder Garantie. Wir bitten um Verständnis und sind jederzeit für Anregungen und Verbesserungsvorschläge dankbar.

Dies ist ein unabhängiger Reiseführer. Es wurden keine Bezahlungen entgegengenommen. Jeder Tipp wird ausschließlich empfohlen, weil er uns gefällt.

„Es gibt keinen Weg zum Glück. Glücklichsein ist der Weg."

– Buddha